IT 실전 워크북 시리[ ]쾌적한 환경에서
손쉽게 배울 수 있도[ ] 철저한 기획 하에 다음과 같은 특징을 가지고 만든 책입니다.

❶ 따라하기 형태의 내용 구성

각 기능들을 쉬운 단계부터 시작하여 실습 형태로 따라하면서 자연스럽게 익혀 실무에 활용할 수 있도록 하였습니다.

❷ 풍부하고도 다양한 예제 제공

실무에서 실제로 사용하는 예제 위주 편성으로 인해 학습을 하는데 친밀감이 들도록 하여 학습 효율을 강화시켰습니다.

❸ 베테랑 강사들의 노하우 제공

일선에서 다년간 경험을 쌓으면서 수첩 등에 꼼꼼히 적어놓았던 보물 같은 내용들을 [Tip], [Power Upgrade] 등의 코너를 만들어 배치시켜 놓아 효율을 극대화 시켰습니다.

❹ 대형 판형에 의한 시원한 편집

A4 사이즈에 맞춘 큰 판형으로 디자인하여 보기에도 시원하고 쾌적하게 학습할 수 있도록 하였습니다.

❺ 스스로 풀어보는 다양한 실전 예제 수록

각 단원이 끝날 때마다 배운 내용을 실습하면서 완벽히 익힐 수 있도록 난이도별로 다양한 실습 문제를 제시하여 복습할 수 있도록 하였습니다.

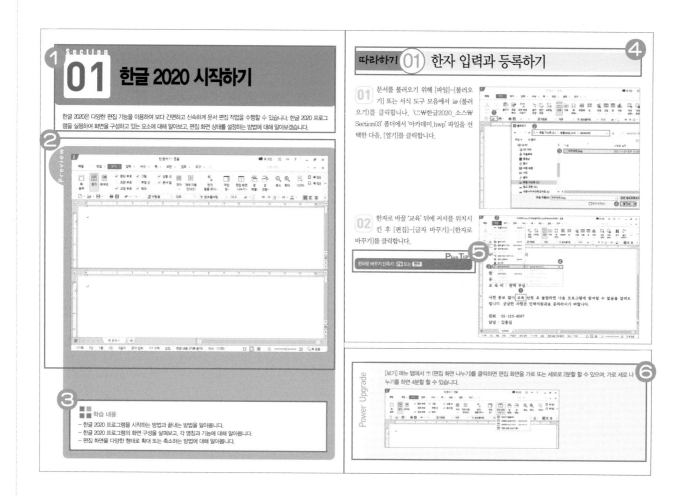

① 섹션 설명

해당 단원에서 배울 내용에 대한 전체적인 개념을 설명함으로써 단원에 대한 이해도를 증진시키도록 합니다.

② Preview

해당 단원에서 만들어볼 결과물을 미리 보여줌으로써 실습하는데 따르는 전체적인 틀을 이해할 수 있도록 하여 학습 효율을 극대화시켜 줍니다.

③ 학습 내용

해당 단원에서 배울 내용들에 대한 차례를 기록하여 흐름을 파악할 수 있습니다.

④ 따라하기

본문 내용을 하나씩 따라해 가면서 실습하다 보면 자연스럽게 관련 기능을 이해할 수 있도록 구성하여 누구나 쉽게 한글을 사용할 수 있도록 하였습니다.

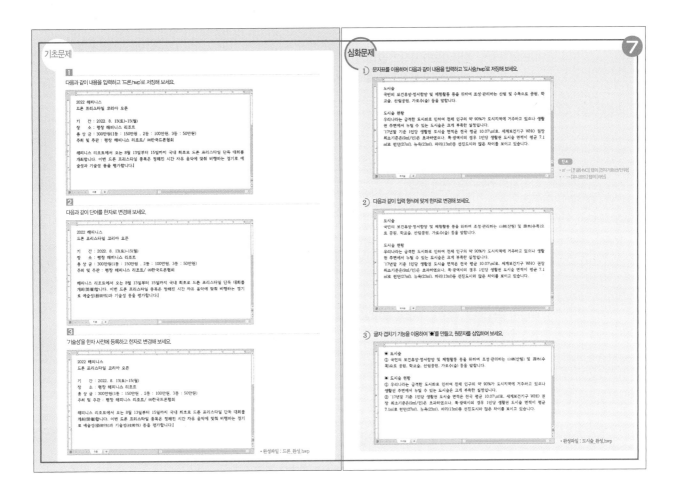

❺ Plus Tip

저자만이 가지고 있는 다양한 노하우 및 좀 더 편리하게 접근하기 위한 정보들을 제공합니다.

❻ Power Upgrade

난이도가 높아 본문의 따라하기에서 다루지는 않았지만 익혀놓으면 나중에 실무에서 도움이 될 것 같은 내용들을 별도로 구성해 놓았습니다.

❼ 기초문제, 심화문제

본문에서 배운 내용을 다양한 예제를 통하여 실습하면서 확실하게 익힐 수 있도록 난이도별로 나누어 실습 문제를 담았습니다.

C·O·N·T·E·N·T·S

HANGEUL 2020

01 한글 2020 시작하기

한글 2020은 다양한 편집 기능을 이용하여 보다 간편하고 신속하게 문서 편집 작업을 수행할 수 있습니다. 한글 2020 프로그램을 실행하여 화면을 구성하고 있는 요소에 대해 알아보고, 편집 화면 상태를 설정하는 방법에 대해 알아보겠습니다.

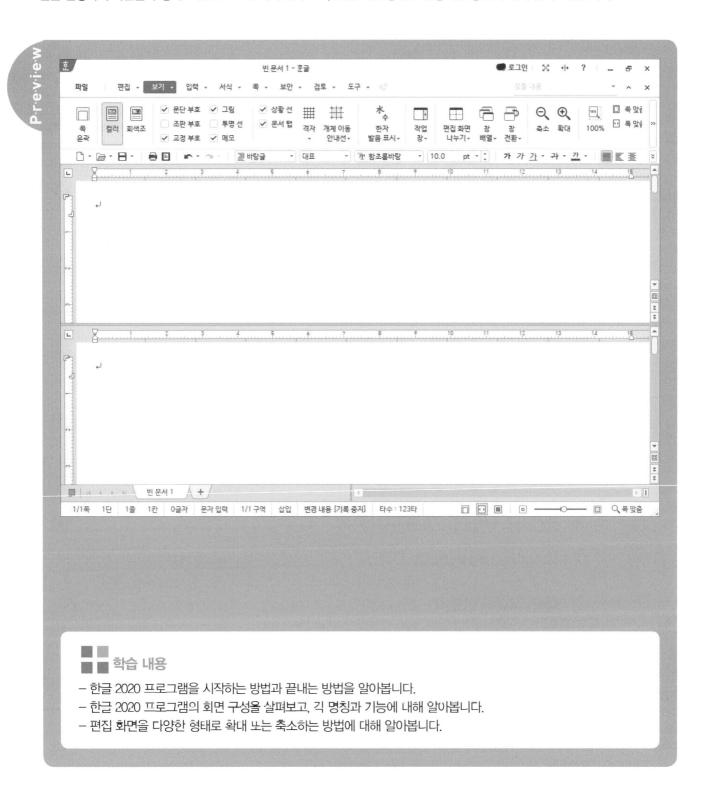

학습 내용

– 한글 2020 프로그램을 시작하는 방법과 끝내는 방법을 알아봅니다.
– 한글 2020 프로그램의 화면 구성을 살펴보고, 각 명칭과 기능에 내해 알아봅니다.
– 편집 화면을 다양한 형태로 확대 또는 축소하는 방법에 대해 알아봅니다.

따라하기 01 한글 2020 시작과 끝내기

01 윈도우 시작(⊞) 단추를 클릭한 다음, [한글 2020]을 클릭하거나 바탕화면의 바로 가기 아이콘 호 을 더블 클릭합니다.

02 한글 2020 프로그램이 실행되면 문서 시작 도우미 화면이 나타납니다. 문서 시작 도우미 화면에서 [새 문서]를 클릭합니다.

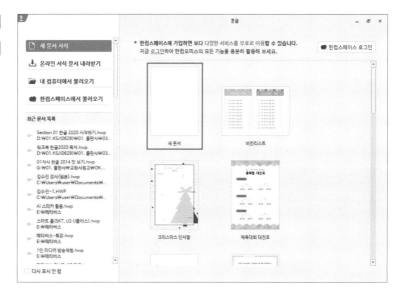

03 다음과 같이 문서를 작성할 수 있는 빈 문서 화면이 나타납니다.

04 한글 2020 프로그램을 종료하려면 [파일]-[끝]을 클릭하거나 제목 표시줄에서 ×(끝)을 클릭합니다. 단축키 Alt + X 를 눌러도 프로그램이 종료됩니다.

PlusTip

■ 프로그램을 종료할 때 나타나는 '저장할까요?' 메시지

한글 2020 프로그램에서 문서를 작성한 후 저장하지 않고 프로그램을 종료하면 다음과 같이 저장 유무를 묻는 대화상자가 나타납니다.

• [저장] : 작성한 문서를 저장합니다.
• [저장 안 함] : 작성한 문서를 저장하지 않고 프로그램을 종료합니다.
• [취소] : 프로그램 종료를 취소하고 문서 편집 상태로 되돌아갑니다.

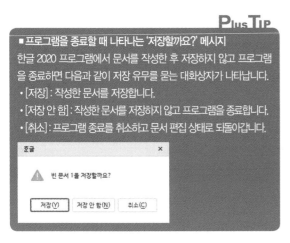

문서 시작 도우미 숨기기

Power Upgrade

문서 시작 도우미 화면은 빠르게 문서를 작성하거나, 저장되어 있는 문서를 최근 작업 중인 문서 목록에서 빠르게 불러와 편집할 수 있습니다. 또한 서식 문서의 썸네일 이미지와 간략한 설명을 확인한 후 사용자 의도에 맞는 문서를 만들 수 있습니다. 한글 2020 실행하여 나타나는 문서 시작 도우미 화면에서 '다시 표시 안함'에 체크 표시를 하면 프로그램을 실행할 때마다 나타나지 않습니다. 숨겨진 문서 시작 도우미 창을 다시 표시하려면 [파일] - [문서 시작 도우미]를 클릭합니다.

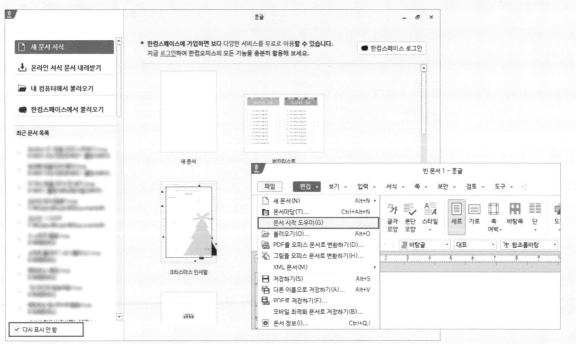

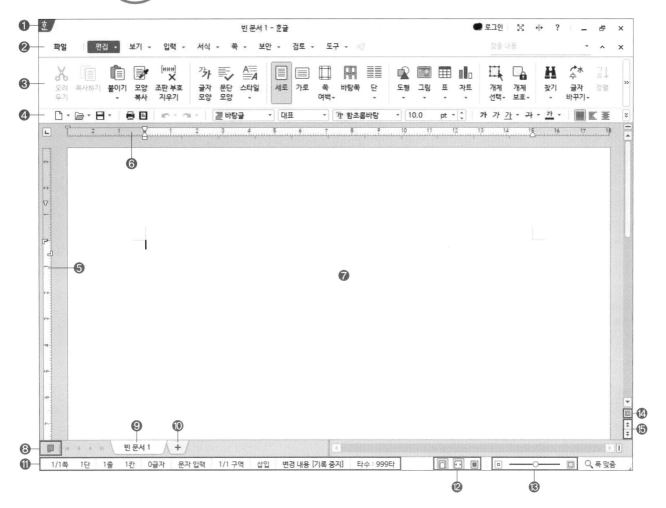

❶ 제목 표시줄

현재 문서 파일이 저장된 위치 경로와 파일 이름, 창 조절 단추(최소화, 최대화, 닫기)가 있습니다.

⛶ (전체 화면)	제목 표시줄, 메뉴 탭, 기본 도구 상자, 서식 도구 상자가 숨겨지고 편집 화면이 전체에 표시됩니다. ▭ (전체 화면 닫기)를 클릭하면 기본 화면으로 돌아옵니다.
⬌ (크게 보기)	메뉴 탭, 기본 도구 상자, 서식 도구 상자가 확대되어 표시됩니다. ⬌ (기본 보기)를 클릭하면 이전 상태로 되돌아 옵니다.
? (도움말)	한글 2020의 도움말을 볼 수 있게 도움말 화면이 나타납니다.
─ (최소화)	창을 최소화하여 작업 표시줄에 표시합니다.
▢ (최대화)	창의 크기를 모니터 크기로 확대합니다.
⧉ (이전 크기로)	최대화된 창을 이전 크기로 축소합니다.
✕ (끝)	한글 2020 프로그램을 종료합니다.

❷ 메뉴 탭

프로그램에서 사용하는 메뉴를 기능별로 묶어 놓은 곳으로, 메뉴를 클릭하면 하위 메뉴가 나타납니다.

(찾기)	현재 편집하고 있는 문서에서 특정 단어나 문장을 찾습니다.
⌃ (기본 도구 상자 접기/펴기)	기본 도구 상자를 숨기거나 표시합니다.
✕ (문서 닫기)	현재 편집 중인 문서 창을 닫습니다.

❸ 기본 도구 상자

메뉴 별로 자주 사용하는 기능을 아이콘으로 표시해 놓은 곳으로 작업 내용에 따라 상황별 메뉴가 나타납니다.

❹ 서식 도구 상자

자주 사용하는 서식 기능을 빠르게 실행할 수 있도록 아이콘으로 표시해 놓은 곳입니다.

⑤ 세로 눈금자

개체의 세로 위치나 높이를 파악하기 위해 사용합니다.

⑥ 가로 눈금자

개체의 가로 위치나 너비를 파악하기 위해 사용합니다.

⑦ 편집 창

글자나 그림과 같은 내용을 넣고 꾸미는 작업 공간입니다.

⑧ 문서 탭 목록

열려 있는 문서 탭의 이름을 표시합니다.

⑨ 문서 탭

작성 중인 문서의 파일명을 표시합니다. 저장하지 않은 문서는 파일명이 빨간색으로, 자동 저장된 문서는 파란색으로, 저장 완료된 문서는 검은색으로 표시됩니다.

메타버스	문서가 수정되었으나 저장되지 않음
메타버스	문서가 수정된 후 자동 저장됨
메타버스	문서가 수정된 후 저장됨

⑩ 새 탭

새로운 문서 탭을 추가합니다.

⑪ 상황 선

현재 마우스 포인터의 위치와 문서 입력 상태에 대한 정보를 표시합니다.

⑫ 문서 보기

현재 문서 화면을 쪽 윤곽, 폭 맞춤, 쪽 맞춤 형태로 볼 수 있습니다.

▢ (쪽 윤곽)	머리말/꼬리말, 쪽 번호, 쪽 테두리 등 인쇄되는 모든 내용과 모양을 화면으로 직접 보면서 편집을 할 수 있습니다.
▣ (폭 맞춤)	편집 문서 창 크기로 편집 화면을 확대하거나 축소합니다.
▣ (쪽 맞춤)	현재 편집 중인 페이지를 한 화면에 모두 볼 수 있는 비율로 축소하거나 확대합니다.

⑬ 확대/축소

현재 문서 편집 창의 크기를 원하는 비율로 확대하거나 축소할 수 있습니다.

축소　　　　　　확대　　확대/축소

⑭ 보기 아이콘

쪽 윤곽, 문단 부호 보이기/숨기기 등과 같이 보기 관련 기능을 선택할 수 있습니다.

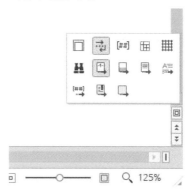

⑮ 쪽 이동

작성 중인 문서가 여러 장일 때 페이지 단위로 이동할 수 있습니다.

01 화면에서 기본 도구 상자를 숨기려면 특정 메뉴 탭을 더블 클릭하거나, ⌃(기본 도구 상자 접기/펴기)를 클릭합니다.

PlusTip

단축키 Ctrl + F1 을 누르면 기본 도구 상자를 숨기거나 표시할 수 있습니다.

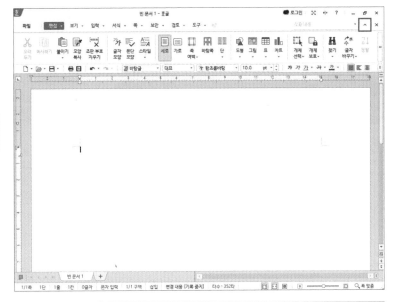

02 숨겨진 기본 도구 상자를 표시하려면 같은 방법으로 특정 메뉴 탭을 더블 클릭하거나, ⌄(기본 도구 상자 접기/펴기)를 클릭합니다.

03 쪽 윤곽 화면을 해제하려면 [보기]–[쪽 윤곽] 또는 하단 [문서 보기] 메뉴에서 을 클릭하여 해제할 수 있습니다.

PlusTip

쪽 윤곽 단축키 : Ctrl + G , L

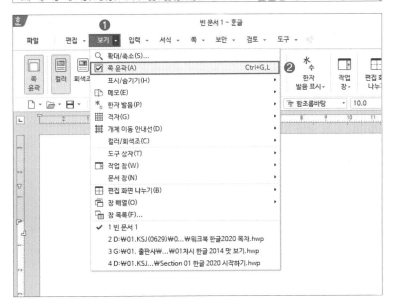

04 편집 문서 창 크기로 편집 화면을 맞추려면 [보기]-[확대/축소]를 클릭합니다.

Plus Tip

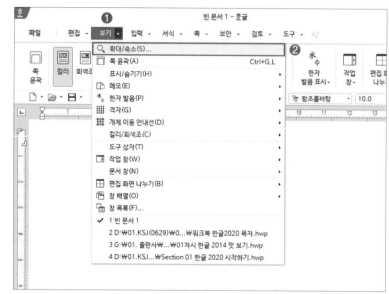

05 [확대/축소] 대화상자의 배율에서 '폭 맞춤'을 선택한 다음 [설정]을 클릭합니다.

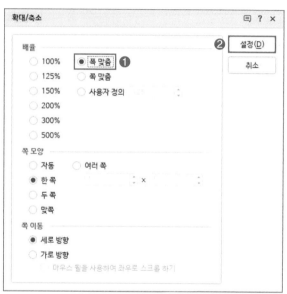

06 문서를 작성하면서 Enter 를 누른 곳을 표시하고 싶으면 [보기]-[표시/숨기기]-[문단 부호]를 클릭하거나 [보기] 메뉴 탭을 클릭하여 기본 도구 상자에서 [문단 부호]에 체크 표시를 합니다.

Plus Tip

문단 부호 표시/숨기기 단축키 : Ctrl + G , T

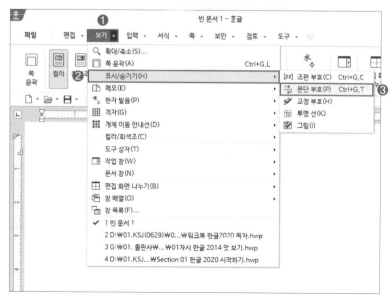

07 다음과 같이 문단 부호(↵)가 화면에 표시됩니다. 문서의 편집 화면을 가로로 나누어 편집하고 싶으면 [보기]-[편집 화면 나누기]-[가로로 나누기]를 클릭합니다.

Plus Tip

• 가로 나누기 단축키 : Ctrl + W , H
• 세로 나누기 단축키 : Ctrl + W , V

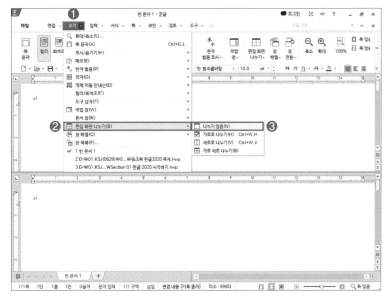

08 다음과 같이 화면이 가로로 2부분으로 나뉘어지면서 문서 안에서 특정 부분의 내용을 참고하여 다른 부분으로 이동하거나 복사하기 등의 작업을 쉽게 할 수 있습니다. 편집 화면 나누기를 취소하려면 [보기]-[편집 화면 나누기]-[나누지 않음]을 클릭합니다.

Power Upgrade

[보기] 메뉴 탭에서 ⊞ (편집 화면 나누기)를 클릭하면 편집 화면을 가로 또는 세로로 2분할 할 수 있으며, 가로 세로 나누기를 하면 4분할 할 수 있습니다.

문서를 어떤 크기의 종이에 편집할 것인지, 종이를 좁게 쓸 것인지 넓게 쓸 것인지와 종이의 상하/좌우에 어느 정도 여백을 설정하고, 편집한 문서를 저장하며, 저장되어 있는 문서를 편집하기 위해 불러오는 방법에 대해 알아봅니다.

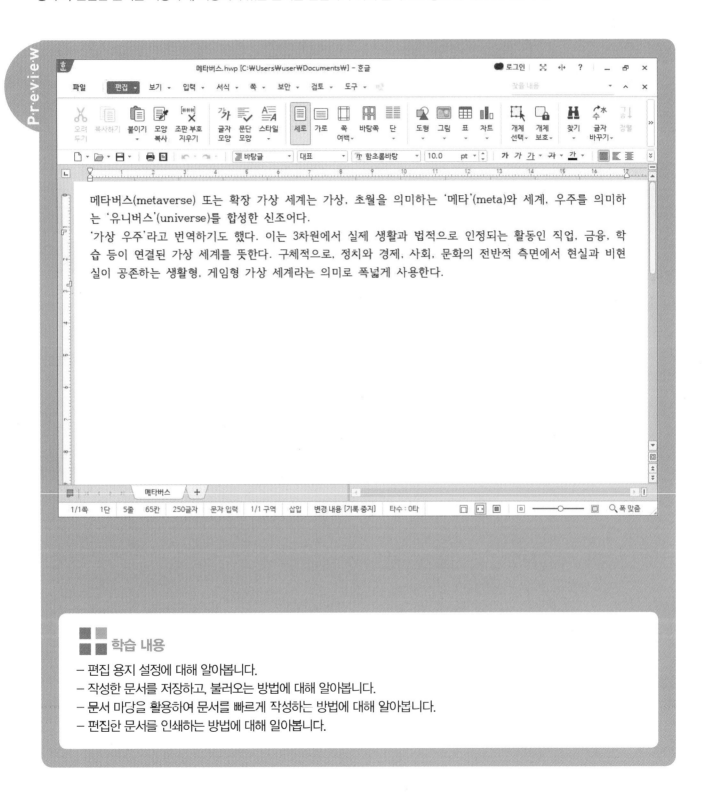

학습 내용

– 편집 용지 설정에 대해 알아봅니다.
– 작성한 문서를 저장하고, 불러오는 방법에 대해 알아봅니다.
– 문서 마당을 활용하여 문서를 빠르게 작성하는 방법에 대해 알아봅니다.
– 편집한 문서를 인쇄하는 방법에 대해 알아봅니다.

01 한글 2020을 실행한 다음 [쪽]−[편집 용지]를 클릭하거나, [쪽] 메뉴 탭의 기본 도구 상자에서 [📋편집 용지]를 클릭합니다.

PLus Tip

편집 용지 단축키 : F7

02 [편집 용지] 대화상자 [기본] 탭에서 용지 방향(세로)과 위쪽(20), 아래쪽(20), 머리말(0), 꼬리말(0), 왼쪽(20), 오른쪽(20) 여백을 지정하고 [설정]을 클릭합니다.

03 다음과 같이 내용을 입력합니다.

메타버스(metaverse) 또는 확장 가상 세계는 가상, 초월을 의미하는 '메타'(meta)와 세계, 우주를 의미하는 '유니버스'(universe)를 합성한 신조어다.

'가상 우주'라고 번역하기도 했다. 이는 3차원에서 실제 생활과 법적으로 인정되는 활동인 직업, 금융, 학습 등이 연결된 가상 세계를 뜻한다. 구체적으로, 정치와 경제, 사회, 문화의 전반적 측면에서 현실과 비현실이 공존하는 생활형, 게임형 가상 세계라는 의미로 폭넓게 사용한다.

따라하기 02 문서 저장하고 닫기

01 작성한 문서를 저장하기 위해 [파일]-[저장하기] 또는 서식 도구 상자에서 ⊟ (저장하기)를 클릭합니다.

Plus Tip

저장하기 단축키 : Alt + S

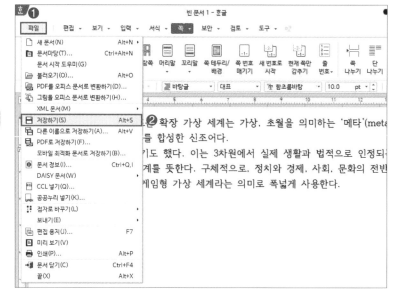

02 [다른 이름으로 저장하기] 대화상자에서 저장 위치를 지정하고, 파일 이름은 '메타버스'로 입력한 후 [저장]을 클릭합니다.

03 제목 표시줄에 파일 이름과 저장 위치를 확인한 후 × (문서 닫기)를 클릭하여 문서를 닫습니다.

Plus Tip

문서 닫기 단축키 : Ctrl + F4

맞는지 확인함

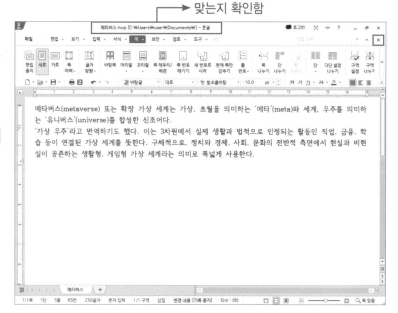

01 저장된 문서를 화면에 불러오려면 [파일]-[불러오기] 또는 서식 도구 상자에서 🗁(불러오기)를 클릭합니다.

PLUS TIP

불러오기 단축키 : Alt + O

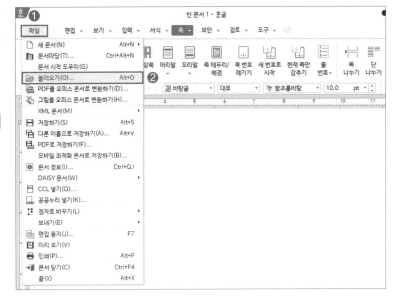

02 [불러오기] 대화상자에서 찾는 위치를 지정하고, 불러올 파일을 선택한 후 [열기]를 클릭합니다.

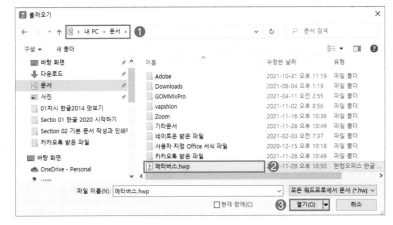

03 다음과 같이 수정 편집하기 위해 저장되어 있는 문서가 화면에 표시된 것을 확인할 수 있습니다.

PLUS TIP

■ PDF 문서 파일로 저장하기
[파일]-[PDF로 저장하기]를 클릭하면 편집한 문서를 PDF 파일로 저장할 수 있습니다.

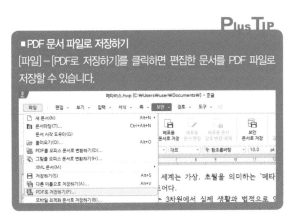

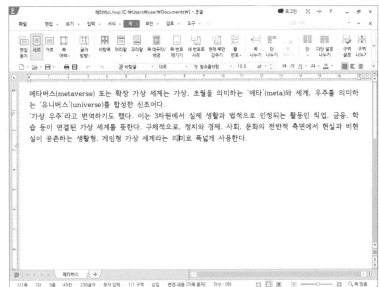

최근에 작업한 문서 빠르게 불러오기

[파일] 메뉴를 클릭하거나 서식 도구 상자에서 📂의 펼침 단추(▼)를 클릭하면 최근에 불러오거나 저장해서 사용했던 문서의 목록이 표시되어 문서를 저장한 폴더의 위치를 모르더라도 빠르게 불러올 수 있습니다.

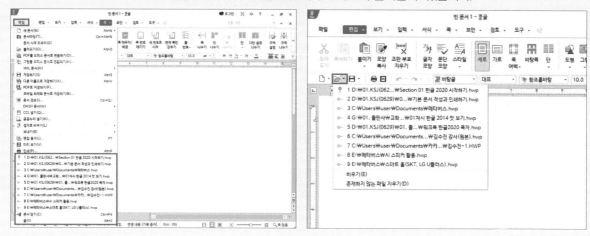

보안 문서 만들기

중요한 문서는 암호를 설정하여 보안할 수 있습니다. [보안]–[문서 암호 설정]을 클릭하거나 기본 도구 상자에서 🔒 (문서 암호 설정)을 클릭합니다. [문서 암호 설정] 대화상자가 나타나면 5자 이상의 암호를 입력합니다. 암호를 해제하려면 [보안]–[문서 암호 변경/해제] 또는 🔓 (문서 암호 변경/해제)를 클릭하여 해제할 수 있습니다. 단, 문서 암호를 잊어버리면 문서를 불러올 수 없으므로 주의해야 합니다.

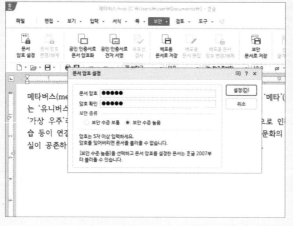
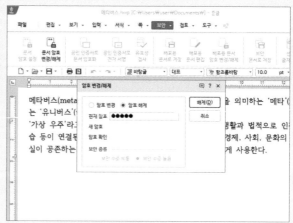

01 문서 마당을 이용하여 산악회 안내장을 작성하기 위해 [파일]-[문서 마당]을 클릭합니다.

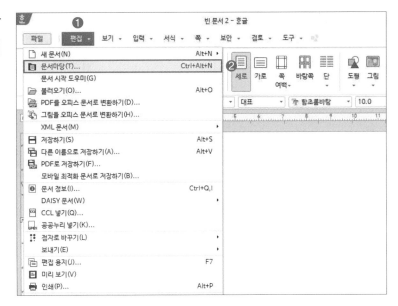

02 [문서 마당] 대화상자의 [문서마당 꾸러미] 탭에서 '_인터넷우체국 문서'의 'ㅇㅇ산악회'를 선택한 후 [열기]를 클릭합니다.

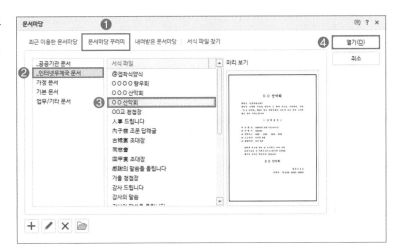

03 산악회 문서가 열리면 다음과 같이 내용을 수정합니다.

PLUS TIP

Delete : 커서 오른쪽의 한 글자를 삭제합니다.

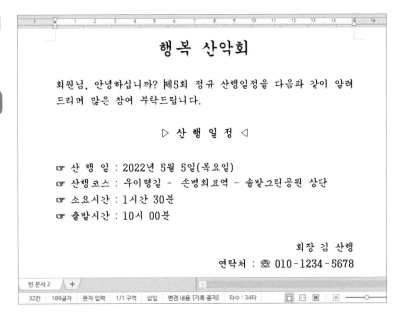

01 편집한 문서를 인쇄하기 전에 인쇄되는 모양을 미리 확인하려면 [파일]-[미리 보기]를 클릭하거나 서식 도구 상자에서 📄 (미리 보기)를 클릭합니다.

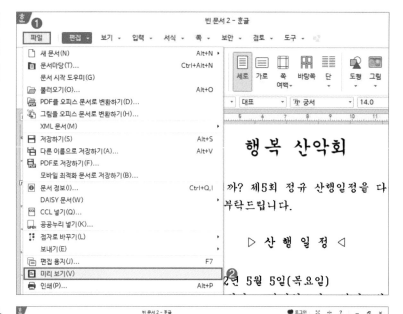

02 [미리 보기] 화면에서 📖 (여백 보기)를 클릭하면 문서의 전체적인 편집용지 여백을 확인할 수 있습니다. 이상이 없으면 문서를 인쇄하기 위해 🖨 (인쇄)를 클릭합니다.

Plus**T**ip

인쇄 단축키 : **Ctrl** + **P**

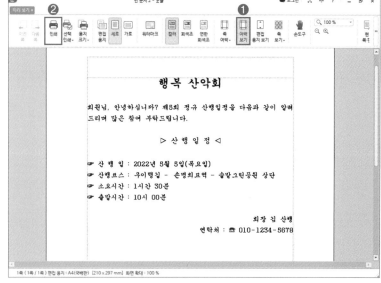

03 [인쇄] 대화상자의 [기본] 탭에서 인쇄 범위와 매수, 인쇄 방식을 지정하고 [인쇄]를 클릭합니다.

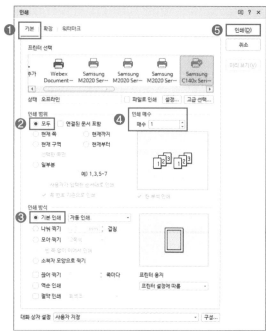

Power Upgrade

[인쇄] 대화상자 살펴보기

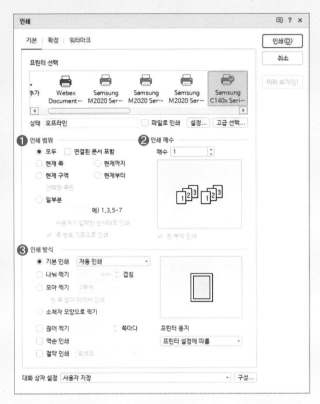

❶ 인쇄 범위

모두 : 문서 전체를 인쇄합니다.

현재 쪽 : 현재 커서가 위치한 페이지만 인쇄합니다.

현재 구역 : 문서가 여러 개의 구역으로 구성되어 있을 때, 커서가 놓여 있는 위치의 구역만 인쇄합니다.

현재부터 : 커서가 놓여 있는 현재 페이지부터 문서 끝 페이지까지 인쇄합니다.

선택한 쪽만 : 문서에서 블록으로 설정된 부분이 속해 있는 페이지만 인쇄합니다.

일부분 : 인쇄 범위를 직접 입력하여 지정된 페이지만 인쇄합니다. 쉼표(,)로 인쇄할 페이지를 구분하여 입력합니다.

❷ 인쇄 매수

인쇄 매수는 1부터 1000까지 설정할 수 있습니다. 여러 매 인쇄를 할 때 한부씩 찍기를 선택하면 페이지 순서대로 지정한 매수만큼 인쇄합니다.

❸ 인쇄 방식

기본 인쇄 : 자동 인쇄 – 편집 용지에서 설정한 용지 크기와 같은 공급 용지를 사용하여 인쇄합니다.

공급 용지에 맞추어 – 편집 용지와 공급 용지가 다른 경우 편집된 문서를 공급 용지 크기에 맞추어 확대 또는 축소 인쇄합니다.

모아 찍기 : 모아 찍을 페이지 수를 지정하면 공급 용지 한 장에 편집된 문서 내용이 정해진 페이지 수만 인쇄되도록 비율을 자동으로 조절하여 인쇄합니다.

나눠 찍기 : 큰 종이에 맞추어 편집된 문서를 작은 종이 여러 장에 나누어 인쇄합니다.

기초문제

1

편집 용지를 다음과 같이 설정해 보세요.

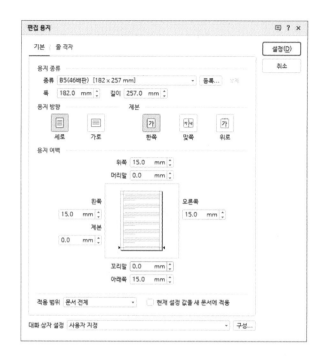

2

다음과 같이 내용을 입력한 다음, '서양의 별자리.hwp'로 저장해 보세요.

서양의 별자리 - 전갈자리

전갈자리(라틴어: Scorpius 스코르피우스)는 황도를 지나는 남쪽 하늘의 별자리로, 황도12궁 중 하나이다. 뱀주인자리 남쪽, 천칭자리와 궁수자리 사이에 놓여 있으며, 은하수 중심 부근이 된다. 동아시아의 별자리로는 청룡의 방수, 심수, 미수, 그 부속 별자리들에 해당한다.

3

인쇄 미리보기로 작성한 문서의 인쇄 모양을 확인해 보세요.

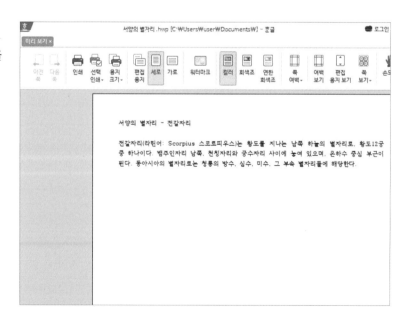

1) '버킷리스트.hwp' 문서 파일을 불러와 다음과 같이 작성하고, 저장해 보세요.

2) 문서 마당을 이용하여 다음과 같이 가훈을 작성하고 저장한 후, 인쇄 미리 보기를 해보세요.

3) '엄마야누나야.hwp' 파일을 불러와 다음과 같이 편집 용지를 설정해 보세요.

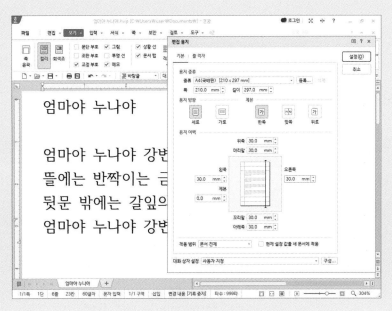

03 다양한 문자 입력하기

입력한 한글을 한자로 변환해보고, 한자를 등록하는 방법에 대해 알 수 있습니다. 문자표 기능을 이용하여 키보드에 없는 특수 문자를 입력해보고, 새로운 문자를 만드는 방법에 대해 알아봅니다.

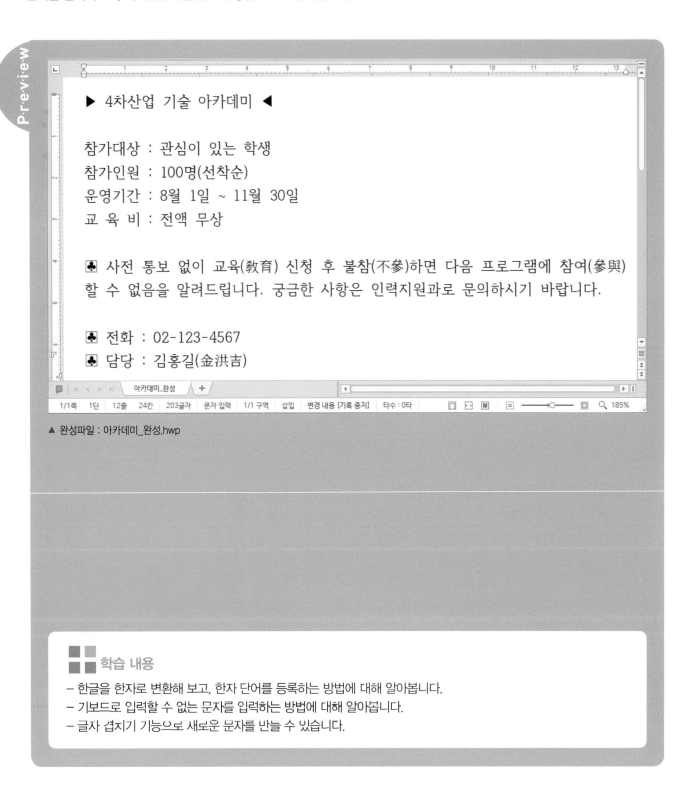

▶ 4차산업 기술 아카데미 ◀

참가대상 : 관심이 있는 학생
참가인원 : 100명(선착순)
운영기간 : 8월 1일 ~ 11월 30일
교 육 비 : 전액 무상

♣ 사전 통보 없이 교육(教育) 신청 후 불참(不參)하면 다음 프로그램에 참여(參與) 할 수 없음을 알려드립니다. 궁금한 사항은 인력지원과로 문의하시기 바랍니다.

♣ 전화 : 02-123-4567
♣ 담당 : 김홍길(金洪吉)

▲ 완성파일 : 아카데미_완성.hwp

학습 내용

– 한글을 한자로 변환해 보고, 한자 단어를 등록하는 방법에 대해 알아봅니다.
– 기보드로 입력할 수 없는 문자를 입력하는 방법에 대해 알아봅니다.
– 글자 겹치기 기능으로 새로운 문자를 만들 수 있습니다.

따라하기 01 한자 입력과 등록하기

01 문서를 불러오기 위해 [파일]-[불러오기] 또는 서식 도구 모음에서 🗁(불러오기)를 클릭합니다. 'C:₩한글2020_소스₩Section03' 폴더에서 '아카데미.hwp' 파일을 선택한 다음, [열기]를 클릭합니다.

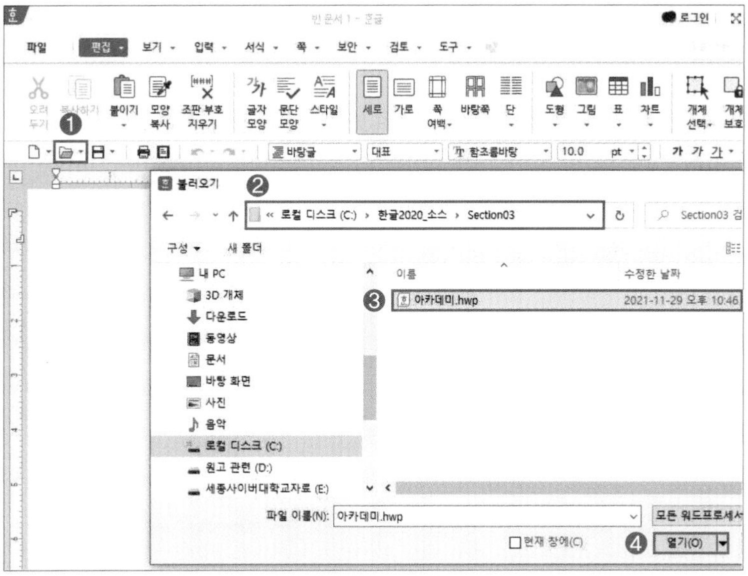

02 한자로 바꿀 '교육' 뒤에 커서를 위치시킨 후 [편집]-[글자 바꾸기]-[한자로 바꾸기]를 클릭합니다.

PLUS TIP

한자로 바꾸기 단축키 : F9 또는 한자

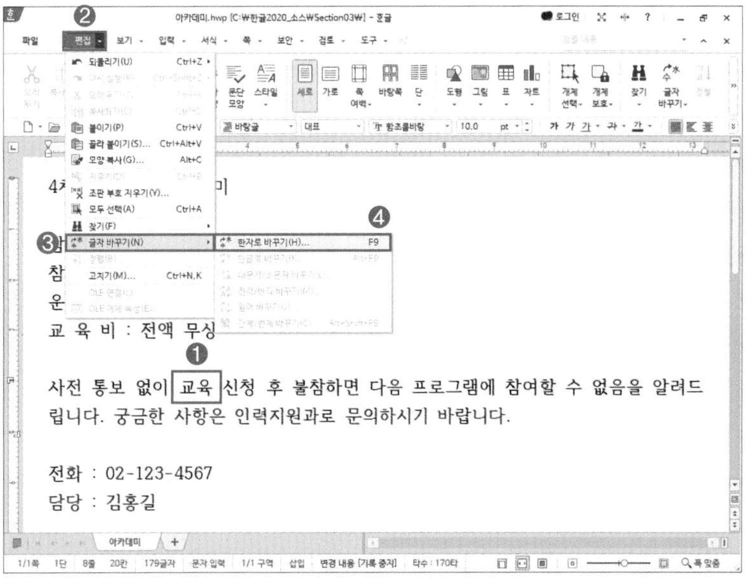

03 [한자로 바꾸기] 대화상자의 한자 목록에서 맞는 한자를 선택하고, 입력 형식을 '한글(漢字)'로 선택한 다음, [바꾸기]를 클릭합니다.

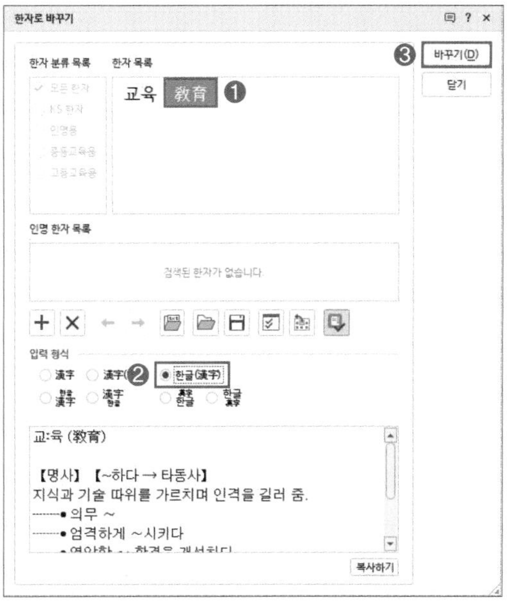

04 같은 방법으로 다음과 같이 단어들을 한자로 변경합니다. 한자 사전에 등록되어 있지 않는 단어를 한자 사전에 등록하고 싶으면 '김홍길' 뒤에 커서를 위치시킨 후 **F9** 를 누릅니다.

Plus**T**ip
한자를 한글로 변경하려면 한자 뒤에서 **F9** 또는 한자 를 누릅니다.

05 기존의 한자 사전에는 '金弘吉'이 등록되어 있는데 여기에 '金洪吉'이란 단어를 추가로 등록하기로 합니다. [한자로 바꾸기] 대화상자에서 ⊞ (한자 사전 등록)을 클릭합니다.

06 [한자 단어 등록] 대화상자에서 바꾸기를 '한 글자씩 연속 바꾸기'로 선택한 다음, [한자로]를 클릭합니다.

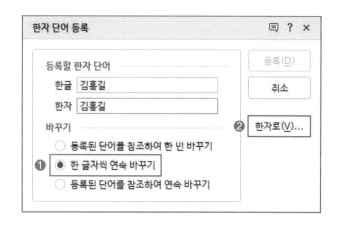

07 [한자로 바꾸기] 대화상자의 한자 목록에서 '金'을 선택한 후 [바꾸기]를 클릭합니다.

08 두 번째 글자에 대한 한자가 나타나면 '洪'을 선택하고 [바꾸기]를 클릭합니다.

09 마지막 글자에 대한 한자가 나타나면 '吉'을 선택하고 [바꾸기]를 클릭합니다.

10 [한자 단어 등록] 대화상자의 한자란에 입력된 한자를 확인한 후 [등록]을 클릭합니다.

11 이제 '金洪吉'이란 단어가 한자 사전에 추가로 등록되었습니다. [한자로 바꾸기] 대화상자의 한자목록에 등록된 한자를 선택한 후 [바꾸기]를 클릭합니다.

Power Upgrade

❶ **한자 단어 등록** : 자주 쓰는 한자 단어가 사전에 등록되어 있지 않을 때에는 한자 단어 사전에 추가로 등록할 수 있습니다.

❷ **한자 단어 지우기** : 한자 사전에 등록한 단어를 삭제합니다.

❸ **왼쪽으로 이동** : [한자 목록] 상자에서 선택한 한자를 왼쪽으로 한 칸 이동시킵니다.

❹ **오른쪽으로 이동** : [한자 목록] 상자에서 선택한 한자를 오른쪽으로 한 칸 이동시킵니다.

❺ **사용자 한자 텍스트 파일 등록하기** : 사용자가 별도로 만든 한자 단어 자료 파일(*.hju)을 불러와 한자 단어 사전에 추가 등록합니다.

❻ **사용자 한자 사전 불러오기** : 다른 시스템에서 만든 사용자 한자 사전 파일(*.dic)을 불러와 한글 프로그램에 덧붙여 사용합니다.

❼ **사용자 한자 사전 저장하기** : 사용자가 추가한 한자 단어를 다른 시스템에서도 사용하고자 할 때 사용자 한자 사전을 별도의 파일로 저장하여 다른 시스템으로 옮길 수 있습니다.

❽ **선택 사항** : [한자로 바꾸기]를 좀 더 편리하게 사용할 수 있도록 선택 문자 확대, 맨 앞으로, 조사 건너뛰기 등을 설정할 수 있습니다.

❾ **처음 값으로** : 사용자가 임의로 변경한 한자 목록을 처음 기본 값으로 되돌립니다.

❿ **자전 보이기** : 선택한 한자의 뜻과 음, 부수, 획수, 중국어 발음 기호 등 한자 사전을 뜻풀이 상사에 보여 주므로, 원하는 한자를 쉽고 정확하게 선택할 수 있습니다.

01 도형 문자를 입력할 제목 앞에 커서를 놓고 [입력]-[문자표] 또는 마우스 오른쪽 단추를 클릭하여 [문자표]를 선택합니다.

Plus**T**ip

문자표 단축키 : Ctrl + F10

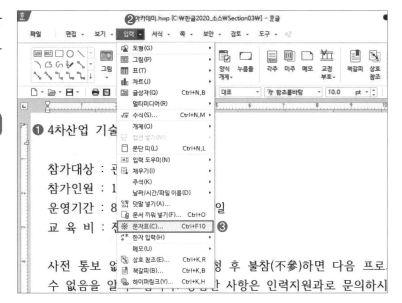

02 [문자표 입력] 대화상자에서 [한글 문자표] 탭을 선택한 다음, 문자 영역에서 '전각 기호(일반)'을 선택합니다. 그런 다음 도형 문자 "▶"를 선택하고 [넣기]를 클릭합니다.

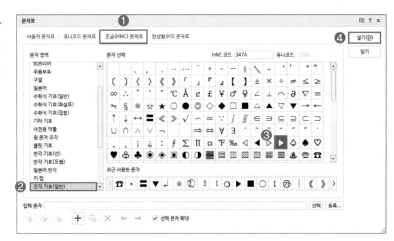

03 특수 문자(▶)가 제대로 입력되면 Space Bar 를 눌러 한 칸을 띄웁니다. 같은 방법으로 다음과 같이 특수 문자를 입력하여 완성합니다.

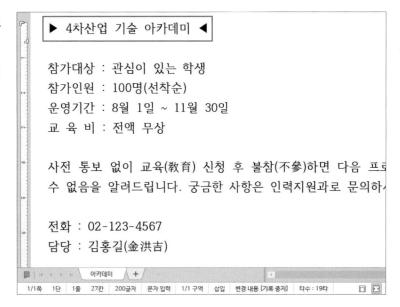

따라하기 03 겹친 글자 만들기

01 한글에서 기본적으로 제공하지 않는 새로운 문자를 만들어 삽입하려면 '사전' 앞에 커서를 위치시킨 다음, [입력]-[입력 도우미]-[글자 겹치기]를 클릭합니다.

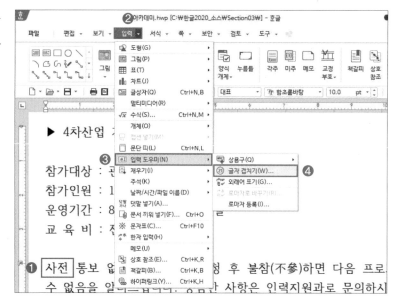

02 [글자 겹치기] 대화상자의 겹쳐 쓸 글 자란에서 마우스 오른쪽 단추를 클릭 하여 [문자표]를 클릭합니다.

Plus Tip
`Ctrl` + `F10` 을 눌러도 [문자표] 대화상자가 나타납니다.

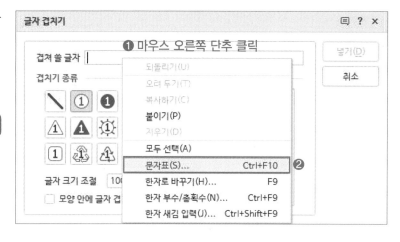

03 [문자표 입력] 대화상자의 [한글 문자 표] 탭에서 문자 영역을 '전각 기호(일 반)'을 선택합니다. '♣' 문자를 클릭한 다음, [넣기]를 클릭합니다.

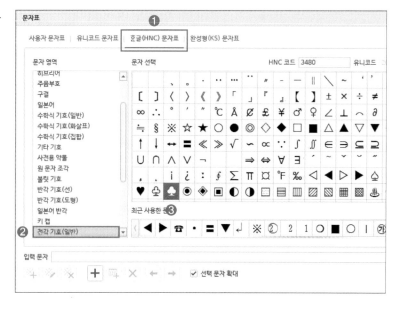

04 겹치기 종류로 '사각형 문자'를 선택한 다음, [넣기]를 클릭합니다.

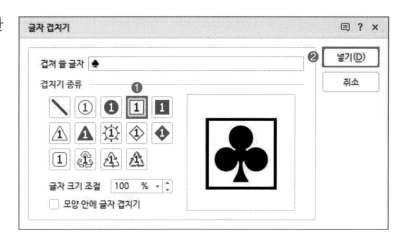

상용구 등록하기

상용구란 자주 입력하는 문장 또는 낱말, 입력하기 어려운 기호 등을 상용구로 등록해 놓고, 필요할 때마다 호출해서 사용하는 기능입니다.

❶ 상용구로 등록할 문자를 블록 설정한 다음, Alt + I 를 누릅니다. [본문 사용구 등록] 대화상자가 나타나면 등록할 문자를 호출할 때 사용할 준말을 입력합니다. 여기서는 '사각'으로 입력합니다.

❷ 사각 크로바 문자를 삽입할 위치에 "사각"을 입력한 후 Alt + I 를 누릅니다. 그러면 사각이란 단어가 상용구에 등록한 사각크로바 문자로 변환되는 것을 확인할 수 있습니다.

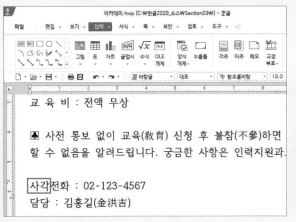
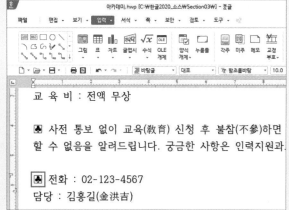

기초문제

• 완성파일 : 드론_완성.hwp

1

다음과 같이 내용을 입력하고 '드론.hwp'로 저장해 보세요.

```
2022 해피니스
드론 프리스타일 코리아 오픈

기    간 : 2022. 8. 13(토)~15(월)
장    소 : 평창 해피니스 리조트
총 상 금 : 300만원(1등 : 150만원 , 2등 : 100만원, 3등 : 50만원)
주최 및 주관 : 평창 해피니스 리조트/ ㈜한국드론협회

해피니스 리조트에서 오는 8월 13일부터 15일까지 국내 최초로 드론 프리스타일 단독 대회를
개최합니다. 이번 드론 프리스타일 종목은 정해진 시간 자유 음악에 맞춰 비행하는 경기로 예
술성과 기술성 등을 평가합니다.
```

2

다음과 같이 단어를 한자로 변경해 보세요.

```
2022 해피니스
드론 프리스타일 코리아 오픈

기    간 : 2022. 8. 13(토)~15(월)
장    소 : 평창 해피니스 리조트
총 상 금 : 300만원(1등 : 150만원 , 2등 : 100만원, 3등 : 50만원)
주최 및 주관 : 평창 해피니스 리조트/ ㈜한국드론협회

해피니스 리조트에서 오는 8월 13일부터 15일까지 국내 최초로 드론 프리스타일 단독 대회를
개최(開催)합니다. 이번 드론 프리스타일 종목은 정해진 시간 자유 음악에 맞춰 비행하는 경기
로 예술성(藝術性)과 기술성 등을 평가합니다.
```

3

'기술성'을 한자 사전에 등록하고 한자로 변경해 보세요.

```
2022 해피니스
드론 프리스타일 코리아 오픈

기    간 : 2022. 8. 13(토)~15(월)
장    소 : 평창 해피니스 리조트
총 상 금 : 300만원(1등 : 150만원 , 2등 : 100만원, 3등 : 50만원)
주최 및 주관 : 평창 해피니스 리조트/ ㈜한국드론협회

해피니스 리조트에서 오는 8월 13일부터 15일까지 국내 최초로 드론 프리스타일 단독 대회를
개최(開催)합니다. 이번 드론 프리스타일 종목은 정해진 시간 자유 음악에 맞춰 비행하는 경기
로 예술성(藝術性)과 기술성(技術性) 등을 평가합니다.
```

1) 문자표를 이용하여 다음과 같이 내용을 입력하고 '도시숲.hwp'로 저장해 보세요.

> 도시숲
> 국민의 보건휴양·정서함양 및 체험활동 등을 위하여 조성·관리하는 산림 및 수목으로 공원, 학교숲, 산림공원, 가로수(숲) 등을 말합니다.
>
> 도시숲 현황
> 우리나라는 급격한 도시화로 인하여 전체 인구의 약 90%가 도시지역에 거주하고 있으나 생활권 주변에서 누릴 수 있는 도시숲은 크게 부족한 실정입니다.
> '17년말 기준 1인당 생활권 도시숲 면적은 전국 평균 10.07\㎡로, 세계보건기구 WHO 권장 최소기준은(9㎡/인)은 초과하였으나, 특·광역시의 경우 1인당 생활권 도시숲 면적이 평균 7.1㎡로 런던(27㎡), 뉴욕(23㎡), 파리(13㎡)등 선진도시와 많은 차이를 보이고 있습니다.

힌트
- ㎡ → [한글(HNC)] 탭의 [전각기호(선/단위)]
- · → [유니코드] 탭의 [라틴]

2) 다음과 같이 입력 형식에 맞게 한자로 변경해 보세요.

> 도시숲
> 국민의 보건휴양·정서함양 및 체험활동 등을 위하여 조성·관리하는 山林(산림) 및 壽木(수목)으로 공원, 학교숲, 산림공원, 가로수(숲) 등을 말합니다.
>
> 도시숲 현황
> 우리나라는 급격한 도시화로 인하여 전체 인구의 약 90%가 도시지역에 거주하고 있으나 생활권 주변에서 누릴 수 있는 도시숲은 크게 부족한 실정입니다.
> '17년말 기준 1인당 생활권 도시숲 면적은 전국 평균 10.07\㎡로, 세계보건기구 WHO 권장 최소기준은(9㎡/인)은 초과하였으나, 특·광역시의 경우 1인당 생활권 도시숲 면적이 평균 7.1㎡로 런던(27㎡), 뉴욕(23㎡), 파리(13㎡)등 선진도시와 많은 차이를 보이고 있습니다.

3) 글자 겹치기 기능을 이용하여 '◈'를 만들고, 원문자를 삽입하여 보세요.

> ◈ 도시숲
> ① 국민의 보건휴양·정서함양 및 체험활동 등을 위하여 조성·관리하는 山林(산림) 및 壽木(수목)으로 공원, 학교숲, 산림공원, 가로수(숲) 등을 말합니다.
>
> ◈ 도시숲 현황
> ① 우리나라는 급격한 도시화로 인하여 전체 인구의 약 90%가 도시지역에 거주하고 있으나 생활권 주변에서 누릴 수 있는 도시숲은 크게 부족한 실정입니다.
> ② '17년말 기준 1인당 생활권 도시숲 면적은 전국 평균 10.07\㎡로, 세계보건기구 WHO 권장 최소기준은(9㎡/인)은 초과하였으나, 특·광역시의 경우 1인당 생활권 도시숲 면적이 평균 7.1㎡로 런던(27㎡), 뉴욕(23㎡), 파리(13㎡)등 선진도시와 많은 차이를 보이고 있습니다.

• 완성파일 : 도시숲_완성.hwp

04 블록 설정과 글자 모양 설정하기

블록은 편집할 범위를 미리 설정하는 것으로, 본문의 내용 일부의 글꼴이나 문단 서식을 설정하고자 할 때 블록으로 설정한 다음에 서식을 설정하면 편리합니다. 글자 모양, 글자 크기, 글자 색, 기울임, 진하게, 밑줄 등 글자 속성을 적용하여 글자를 꾸밀 수 있습니다.

지리산 둘레길은.....

사람과 생명, 설찰과 순례의 길·················

지 리산둘레길은 지리산 둘레를 잇는 길에서 만나는, 자연과 마을, 역사와 문화의 의미를 다시 찾아내 잇고 보듬는 길입니다. 한 땀 한 땀 수놓듯 이어가는 지리산 둘레길을 통해 만나는 사람, 풀 한포기, 나무 한 그루, 모든 생명들의 속삭임을 귀 기울여 들어 보세요.

<u>이용 수칙</u>

약속, 하나! : <u>스스로 준비하고 책임지는 여행을 합니다.</u>
약속, 둘! : 폭우, 폭설, 폭염 및 야간에는 안전을 위해 걷지 않습니다.
약속, 셋! : 뭇 생명과 마을 주민, 서로에게 감사하는 마음으로 길을 걷습니다.

둘레길_완성

▲ 완성파일 : 둘레길_완성.hwp

■ 학습 내용

– 블록 설정하는 방법에 대해 알 수 있습니다.
– 입력한 문시의 글꼴 서식을 실정하는 방법에 대해 알아봅니다.
– 문단이 시삭하는 첫 글자에 장식을 설정하는 방법에 대해 알아봅니다.

01 [파일]-[불러오기]를 클릭하여 'C:\한글2020_소스\Section04'에서 '둘레길.hwp' 파일을 불러옵니다.

02 문서 전체 블록 설정을 하려면 본문의 왼쪽 여백에 마우스 포인터를 위치시킨 다음, 클릭을 세 번 합니다. 또는 블록을 설정할 부분을 마우스로 드래그해도 됩니다.

Plus Tip

블록을 해제하려면 **Esc** 를 누르거나 편집 화면 아무 곳이나 클릭해도 됩니다.

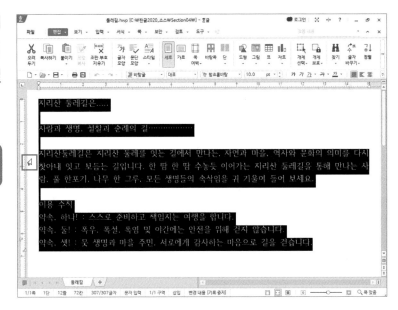

03 한 문단을 블록 설정하려면 블록 설정할 문단 왼쪽 여백에 마우스 포인터를 위치시킨 다음, 클릭을 두 번 합니다. 또는 블록을 설정할 부분을 마우스로 드래그해도 됩니다.

Plus Tip

문단 맨 앞에 커서를 위치시킨 다음 **Ctrl** + **Shfit** 를 누른 상태로 **↓** 키를 눌러도 한 문단이 블록 설정됩니다.

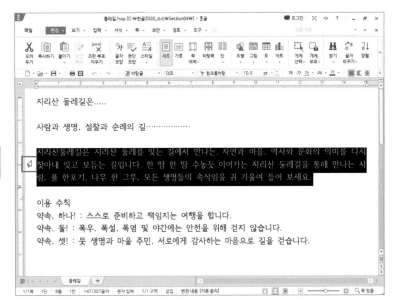

04 한 줄을 블록으로 설정하려면 줄 왼쪽 여백에 마우스 포인터를 위치시킨 다음, 클릭합니다.

Plus**T**ip

줄 맨 앞에 커서를 위치시킨 다음, Shfit 를 누른 상태로 ↓ 키를 눌러도 한 줄이 블록 설정됩니다.

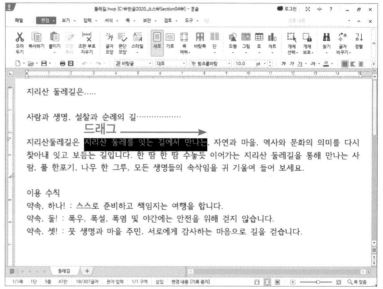

05 문서 중간의 내용을 블록 설정하려면 원하는 위치에서부터 마지막 위치까지 드래그합니다.

칸 단위 블록 설정하기 F4

박스 친 부분을 블록 설정하려면 '지역' 앞에 커서를 위치시키고 F4 를 누른 다음, → 를 3번 눌러 블록으로 설정합니다. 이어서 ↓ 를 계속 누르면 칸 단위로 블록이 설정됩니다.

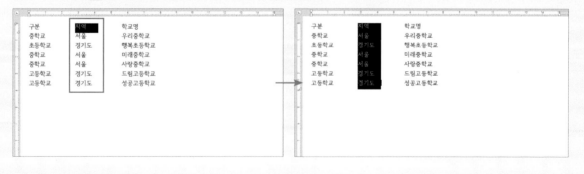

01 다음과 같이 글자 모양을 바꿀 제목을 블록 설정한 다음, [서식]-[글자 모양]을 클릭합니다.

PlusTip

글자 모양 단축키 : Alt + L

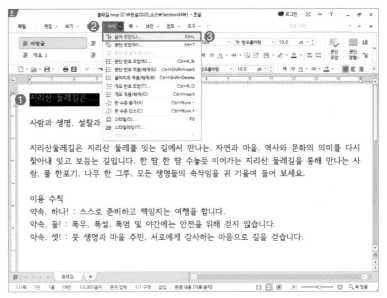

02 [글자 모양] 대화상자에서 기준 크기 (13pt), 글꼴(HY헤드라인M), 장평 (110%), 자간(-5), 글자색(초록계열)을 지정하고 [설정]을 클릭합니다.

03 다음과 같이 블록 설정한 다음, 서식 도구 모음에서 글자 크기(11pt), 글꼴 (휴먼명조), 글자 속성(진하게), 글자색(파란계열)을 지정합니다.

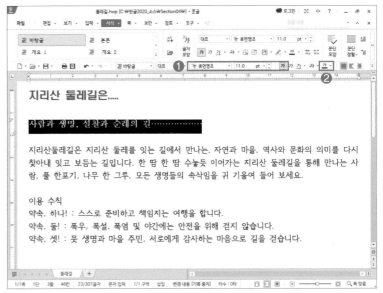

04 '이용 수칙'을 블록 설정한 다음, [서식] 메뉴 탭에서 [글자 모양] 가 을 클릭합니다. [글자 모양] 대화상자가 나타나면 기준 크기(11pt), 속성(진하게)을 지정하고, 음영 색의 펼침 단추(▼)를 클릭하여 '노랑'을 선택합니다.

PlusTip

[서식] 메뉴 탭을 클릭한 다음, 기본 도구 상자에서 가 [글자 모양]을 클릭해도 [글자 모양] 대화상자가 나타납니다.

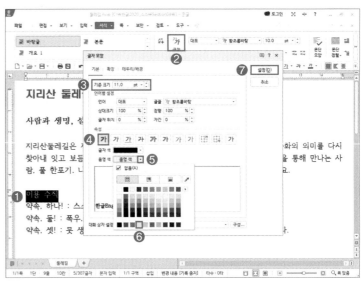

05 이중 실선을 설정하기 위해 [글자 모양] 대화상자의 [확장] 탭에서 밑줄 위치를 '아래쪽', 모양은 '이중 실선', 색은 빨간 계열을 선택하고 [설정]을 클릭합니다.

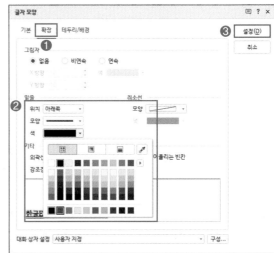

글자 속성

	글자 속성	설명	예
가	진하게	글자를 굵게 나타냅니다.	아티오
가	기울임	글자를 오른쪽으로 기울여 나타냅니다.	아티오
가	밑줄	글자에 밑줄을 긋습니다.	아티오
가	취소선	글자에 취소선을 긋습니다.	아티오
가	외곽선	외곽선으로 이루어진 글자 모양으로 만듭니다.	아티오
가	그림자	글자의 오른쪽 아래에 비연속 그림자를 표시합니다.	아티오
가	양각	글자를 돌출된 양각 모양으로 표시합니다. 그림자 또는 외곽선과 같이 사용할 수 없습니다.	아티오
가	음각	글자를 파인 음각 모양으로 표시합니다. 그림자 또는 외곽선과 같이 사용할 수 없습니다.	아티오
	위첨자	글자를 위 첨자로 표시합니다.	아티오
	아래첨자	글자를 아래 첨자로 표시합니다.	아티오
가	보통모양	설정한 모든 글자 속성을 한 번에 해제합니다.	아티오

Power Upgrade

01 문단 첫 번째 글자 앞에 커서를 위치시킨 다음, [서식]-[문단 첫 글자 장식]을 클릭합니다.

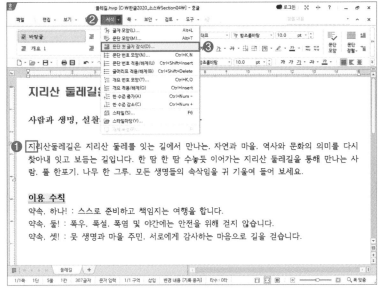

02 [문단 첫 글자 장식] 대화상자에서 모양은 ▤ (2줄) 글꼴은 'HY견고딕'으로 지정하고 [설정]을 클릭합니다.

03 다음과 같이 문단의 첫 번째 글자에 장식 효과가 적용된 것을 확인할 수 있습니다.

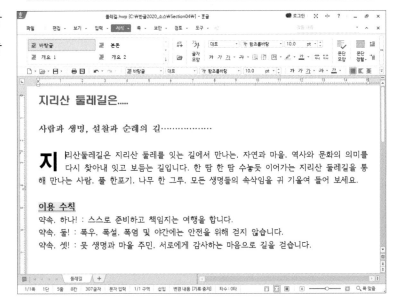

1

다음과 같이 내용을 입력하고 지시사항에 따라 글꼴을 변경해 보세요.

- 완성파일 : 토마토_완성.hwp

> 글꼴 크기 : 9pt, 자간 : 10%, 글꼴 색 : 초록

슈퍼파워푸드

토 마 토

> 글꼴 : HY헤드라인M, 글꼴 크기 : 15pt, 자간 : 50%, 글꼴 색 : 빨강, 속성 : 그림자

비타민과 무기질 공급원, 항산화 물질 함유 / 노화·심근경색 예방, 혈당 저하, 암 예방

일년감 토마토 : 토마토는 우리말로 '일년감'이라 하며, 한자명은 남만시(南蠻柿)라고 한다. 우리나라에서는 토마토를 처음에는 관상용으로 심었으나 차츰 영양가가 밝혀지고 밭에 재배하여 대중화되었다.

효용성 : 토마토의 붉은색을 만드는 라이코펜은 노화의 원인이 되는 활성산소를 배출시켜 세포의 젊음을 유지시킨다. 또한 라이코펜은 남성의 전립선암, 여성의 유방암, 소화기계통의 암을 예방하는 데 효과가 있다.

[출처 : 네이버 지식 백과]

> 글꼴 크기 : 12pt, 속성 : 진하게, 글꼴색 : 파랑, 음영색 : 노랑

2

다음과 같이 문서를 작성하고, 이중 실선 밑줄과 임의의 자간을 설정해 보세요.

- 제목 : 글꼴(휴먼엑스포), 글꼴 크기(15pt), 자간(-5%), 속성(진하게, 양각), 글꼴 색(주황 (RGB:255,132,58) 50% 어둡게)
- 본문 : 글꼴(굴림), 글꼴 크기(10.5pt)
- 완성파일 : 커피_완성.hwp

커피[Coffe]

■ <u>독특한 풍미</u>를 가진 갈색에 가까운 기호 음료이다. 커피나무 열매(Cherry)속의 씨앗(생두, Green Bean)을 볶고(원두, Coffee Bean), 물을 이용하여 그 성분을 추출하여 만든다.
■ 세계적으로 커피가 생산되는 곳은 남위 25°부터 북위 25°사이의 열대, 아열대 지역으로 <u>커피 벨트(Coffee Belt)</u> 또는 <u>커피 존(Coffee Zone)</u>이라고 한다.
■ 중남미(브라질, 콜롬비아, 과테말라, 자메이카 등)에서 중급 이상의 아라비카 커피(Arabica Coffee)가 생산되고 중동·아프리카(에티오피아, 예멘, 탄자니아, 케냐 등)는 커피의 원산지로 유명하다. 세계 3대 커피는 자메이카의 <u>블루 마운틴(Blue Mountain)</u>, 하와이의 <u>코나(Kona)</u>, <u>예멘의 모카(Mocha)</u> 커피이다.

[자료 추출 : 두산백과]

3

다음과 같이 내용을 작성하고 '청계천.hwp'로 저장한 다음, 문단 첫 글자 장식을 활용하여 문서를 만들어 보세요.

- 주제목 : 글꼴(HY견고딕), 글꼴 크기(15pt), 글꼴색(남색 RGB(58, 60, 312) 40% 밝게)
- 부제목 : 글꼴(HY견고딕), 글꼴 크기(13pt), 글꼴색(하늘색 RGB(97, 130, 214) 50% 어둡게)
- 문단 첫 글자 장식 : 모양(2줄), 글꼴(궁서), 면색(노랑)
- 완성파일 : 청계천_완성.hwp

청계천의 역사와 문화가 숨쉬는...

청계천박물관

청 계천의 역사와 문화(文化)를 한 눈에 알 수 있는 청계천박물관은 2005년 9월 26일에 문을 열었습니다. 건물 정면의 긴 유리 튜브 형태는 청계천의 물길을 상징하며 지상 4층, 지하 2층의 1,728평 규모로 상설 전시실과 기획 전시실, 교육실과 강당 등을 갖추고 있습니다. 기획전시실 및 상설전시실은 청계천 문화와 관련된 다양한 주제의 전시가 열리고 있어 시민을 위한 박물관으로 자리매김하고 있습니다.

● 안내전화 : 02-2286-3410
● 홈페이지 : https://museum.seoul.go.kr

1) '건강정보.hwp' 파일을 불러와 한자를 변경하고 글자 모양 서식을 바꿔보세요.
   - 주제목 : 글꼴(HY울릉도B), 글꼴 크기(12pt), 글꼴색(초록 RGB(10, 155, 110) 50% 어둡게)
   - 부제목 : 글꼴(휴먼명조), 글꼴 크기(12pt)
   - 본문 : 글꼴(휴먼명조)
   - 완성파일 : 건강정보_완성.hwp

" 시리즈! 건강정보

   돌발성 난청 감기 후에도 발생할 수 있어요! "

겨울철 감기 후 찾아오는 '돌발성 난청'에 주의해야 됩니다. 돌발성 난청에 걸리지 않도록 조심해야 됩니다.

돌발성 난청, 이명과 어지럼증이 주된 증상
갑자기 수 시간 이나 2~3일에 발생하는 감각신경성 난청 증후군으로 이명과 어지럼증을 동반합니다. 원인은 밝혀지지 않았으나 바이러스 감염과 혈액순환(血液循環) 장애(障暖)가 주된 원인으로 추정

노년층에게 발생하기 쉬운 돌발성 난청
연간 유병률은 미국은 10만명당 5~27명, 한국은 10만명당 10명 이상으로 모든 연령대에서 발병(發病)할 수 있으나 50~60대에서 가장 많이 발생됨.

출처 : 강남세브란스병원 올웨이즈영

---

2) '펫티켓.hwp' 파일을 불러와 문단 첫 글자 장식을 설정하고 글자 모양 서식을 바꿔보세요.
   - 완성파일 : 펫티켓_완성.hwp

지 켜 주 세 요 !

펫 티켓!

펫(Pet) + 에티켓(Etiquette)

① 반려견과 동반 외출 시 **목줄과 가슴줄, 인식표**는 꼭! 착용
② **2개월령 이상**의 반려견은 동물등록대행기관에서 등록 필수!
③ **배변봉투를 꼭** 챙겨주세요! 반려견 배변 미수거시 과태로 최대 10만원
④ 대중교통 이용시 **이동장 사용**!

---

3) '차량스티커안내.hwp' 파일을 불러와 편집 용지와 여백을 설정한 후 글꼴 서식을 바꿔보세요.
   - 편집용지 : B5, 위(15), 아래(15), 머리말(0), 꼬리말(0), 왼쪽(25), 오른쪽(25)
   - 제목 : 글꼴(HY울릉동B), 글꼴 크기(20pt), 속성(진하게, 양각)
   - 본문 : 글꼴(맑은 고딕), 글꼴 크기(11pt)
   - 완성파일 : 차량안내스티커_완성.hwp

차량스티커 교체 안내

안녕하세요! 입주민 여러분
외부차량 단속을 위해 차량 스티커를 교체했습니다. 2022년 5월 1일부터 아래와 같이 차량 스티커 교체 예정이오니 입주민 여러분의 적극적인 협조 부탁드립니다.

= 교체기간 : 2022년 5월 1일 ~ 5월 30일
= 교체방법 : 기존 스티커를 관리사무소에 **반납 후** 신규 스티커 발급
= 교체장소 : 행복아파트 관리동 관리사무소(☎ 031-1234-5678)
= 교체비용 : **기존 스티커 반납시 무료** / 신규발급시 기본 5,000원

행복아파트관리사무소장   김장군

05 문단 모양 설정하기

문서 내용을 입력하는 도중에 Enter 를 누르면 문단이 나누어집니다. 문단의 왼쪽/오른쪽 여백, 들여 쓰기/내어쓰기, 정렬 방식, 줄 간격, 문단 테두리, 문단 배경, 문단 종류, 탭 설정 등을 설정할 수 있습니다.

P·r·e·v·i·e·w

플라워 북카페

일산호수공원 고양꽃전시관에 위치하고 있는 플라워 북카페는 연중 꽃과 책을 즐길 수 있는 시민 힐링 공간으로 1층에서는 그린 인테리어 속에서 책을 읽을 수 있는 북카페, 진귀한 수석 작품 전시를 관람할 수 있으며, 2층에서는 화훼 강좌 및 체험을 할 수 있는 플라워아카데미, 호수를 조망하면서 차 한잔의 여유를 즐길 수 있는 카페테리아가 운영됩니다.

♣ 공간별 오픈 시간
 ① 북카페(서가), 수석 전시 : 오전 10시
 ② 플라워 아카데미 : 프로그램별로 운영시간이 다름
 ③ 플라워 카페테리아 : 오전 10시
 ④ 휴관 : 매주 월요일

♣ 위치 : 일산호수공원 고양꽃전시관

♣ 문의 : 031-908-7626

▲ 완성파일 : 북카페_완성.hwp

 학습 내용

– 문단 정렬하는 방법에 대해 알 수 있습니다.
– 문딘의 어백과 줄간격을 실정할 수 있습니다.
– 분단 탭을 설정할 수 있습니다.

01 [파일]-[불러오기]를 클릭하여 'C:₩한글2020_소스₩Section05'에서 '북카페.hwp' 파일을 불러옵니다. 제목에 커서를 위치시킨 다음, 서식 도구 상자에서 ▤ (가운데 정렬)을 클릭합니다.

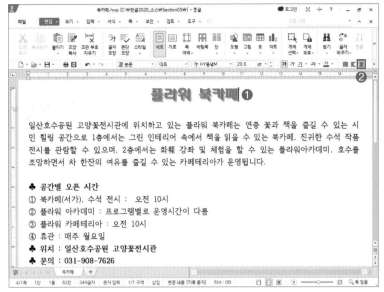

02 줄간격을 설정하기 위해 다음과 같이 블록을 설정한 다음, [서식]-[문단 모양]을 클릭합니다.

PlusTip

• 문단 모양 단축키 : Alt + T
마우스 오른쪽 단추를 클릭하여 나타난 단축 메뉴에서 [문단 모양]을 선택해도 됩니다.

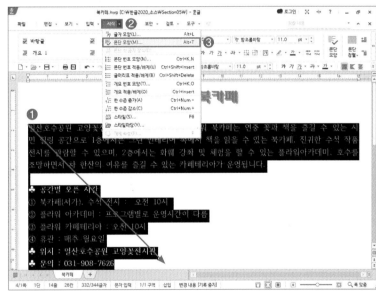

03 [문단 모양] 대화상자의 [기본] 탭에서 줄 간격을 '165%'로 설정합니다.

PlusTip

서식 도구 모음에서 160 % (줄간격)을 설정할 수 있습니다.

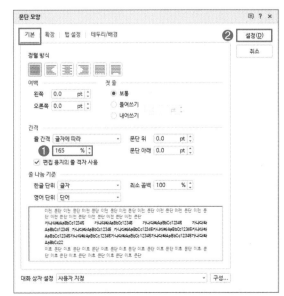

01 문단 첫 글자를 들여쓰기 하려면 다음과 같이 블록 설정한 다음, [서식]-[문단 모양]을 클릭합니다.

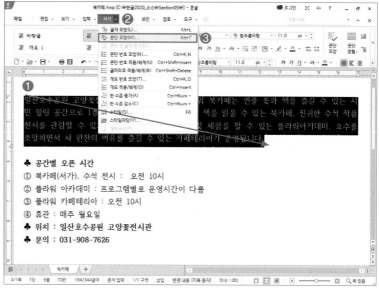

02 [문단 모양] 대화상자의 [기본] 탭에서 '첫 줄 들여쓰기'를 선택하고, 값을 "10pt"로 지정한 후 [설정]을 클릭합니다.

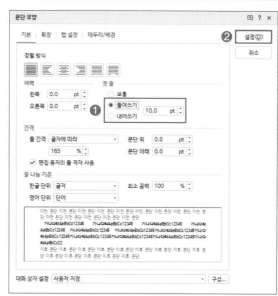

03 다음과 같이 문단 첫 줄이 들여쓰기가 된 것을 확인할 수 있습니다. 여러 개의 문단 좌측에 여백을 주고 싶으면 문단 여백을 설정할 곳을 블록으로 설정한 후 [서식]-[문단 모양]을 클릭합니다.

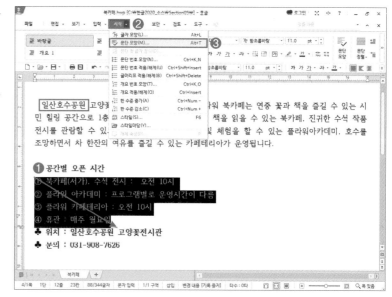

04 [문단 모양] 대화상자의 [기본] 탭에서 왼쪽 여백 값을 "10pt"로 지정하고 [설정]을 클릭합니다.

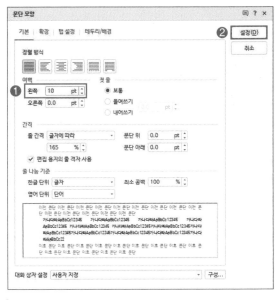

05 지정한 값만큼 왼쪽에 여백이 만들어졌습니다. 이어서 '위치'가 입력된 줄에 커서를 위치시킨 다음, [서식]-[문단 모양]을 클릭합니다. [문단 모양] 대화상자의 [기본] 탭에서 문단 위와 문단 아래 값을 각각 "5pt"로 지정하고 [설정]을 클릭합니다.

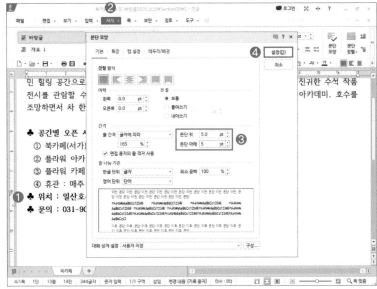

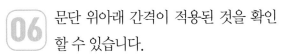

06 문단 위아래 간격이 적용된 것을 확인할 수 있습니다.

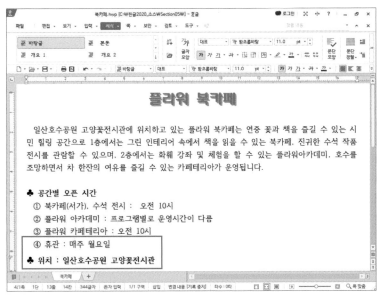

01 문단 테두리를 설정하려면 다음과 같이 블록을 설정한 다음, [서식]-[문단 모양]을 클릭합니다.

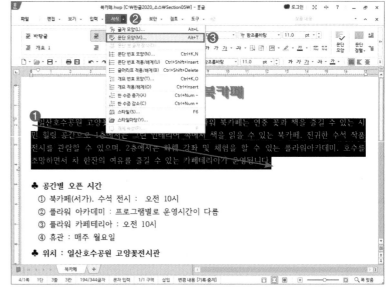

02 [문단 모양] 대화상자의 [테두리/배경] 탭에서 테두리 종류는 '이중 실선'을 선택하고 ⊞(위)와 ⊞(아래)를 클릭합니다. 면색을 임의의 색으로 지정하고, 간격의 위쪽과 아래쪽 값을 각각 "3mm"로 지정하고 [설정]을 클릭합니다.

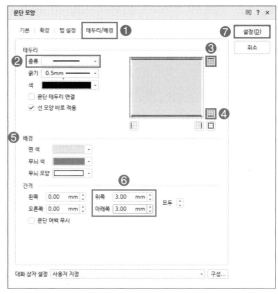

03 본문 문단에 테두리가 설정된 것을 확인할 수 있습니다.

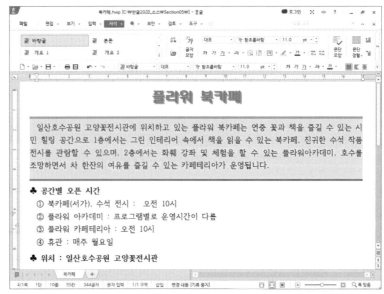

01 서식 도구 모음에서 📁를 클릭하여 '오페라.hwp' 파일을 불러옵니다. 다음 과 같이 블록을 설정한 다음 [서식]-[문단 서식]을 선택합니다.

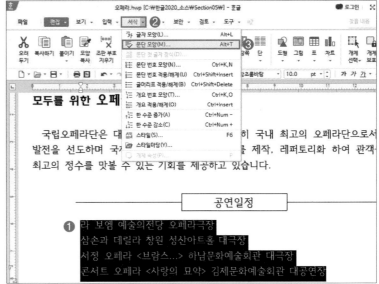

02 [문단 모양] 대화상자의 [탭 설정] 탭에서 탭 종류는 '오른쪽', 채울 모양은 '점선', 탭 위치는 '375pt'로 지정하고 [추가]를 선택한 다음, [설정]을 클릭합니다.

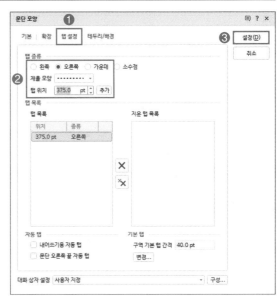

03 '라 보엠' 뒤에 커서를 놓고 Tab 을 누릅니다. 같은 방법으로 공연 제목 뒤에 커서를 놓고 Tab 을 누르면 문단의 마지막 글자가 오른쪽 탭 375pt 위치에 맞춰집니다.

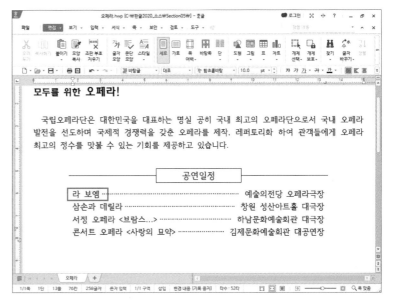

1

'교육내용.hwp' 파일을 불러와 다음과 같이 내용을 입력한 다음, 문단 서식을 설정해 보세요.

- 제목 : 가운데 정렬, 아래 제목 : 오른쪽 정렬, 첫 줄 들여쓰기 : 10pt , 줄간격 : 165%

게더타운 제작 및 활용

   저희 교육연구소에는 미래 교육의 변화와 다양성을 추구하고 있는 메타버스 플랫폼 전문교육기관으로 게더타운 플랫폼을 제작/활용하는 과정을 아래와 같이 개설하오니, 많은 관심과 참여 부탁드립니다.

-아 래-

(ㄱ) 일　시 : 12월 24일(금) 10:00~18:00
(ㄴ) 장　소 : 비대면 온라인 실시간 교육
(ㄷ) 신　청 : 온라인 신청
(ㄹ) 수강료 : 450,000원/1인(VAT 별도)

아티오 교육연구소

2

본문 내용은 문단 테두리와 왼쪽 여백을 설정해 보세요.

게더타운 제작 및 활용

   저희 교육연구소에는 미래 교육의 변화와 다양성을 추구하고 있는 메타버스 플랫폼 전문교육기관으로 게더타운 플랫폼을 제작/활용하는 과정을 아래와 같이 개설하오니, 많은 관심과 참여 부탁드립니다.

-아 래-

(ㄱ) 일　시 : 12월 24일(금) 10:00~18:00
(ㄴ) 장　소 : 비대면 온라인 실시간 교육
(ㄷ) 신　청 : 온라인 신청
(ㄹ) 수강료 : 450,000원/1인(VAT 별도)

아티오 교육연구소

- 왼쪽 여백 : 50pt
- 완성파일 : 교육내용_완성.hwp

3

다음과 같이 내용을 입력하여 글꼴 서식과 문단 서식을 설정해 보세요.

- 완성파일 : 올스타전_완성.hwp

글꼴(MD아롱체), 글꼴 크기(15pt), 가운데정렬

All★STAR GAME

글꼴(휴먼중간샘체), 글꼴 크기(11pt), 가운데정렬

KBO 올스타전

글꼴(휴먼모음T), 글꼴 크기(15pt), 가운데정렬

SK, 두산, 삼성, 롯데, KT **VS** 한화, 키움, KIA, LG, NC

왼쪽 여백(50pt), 오른쪽탭 (400pt, 채울모양-점선)

프로그램 일정

14:50~15:50 ------------------------------- 올스타팬사인회
16:00~16:30 ------------------------------- MY CAR 슈퍼레이스
16:40~17:10 ------------------------------- MY CAR 퍼펙트피저
17:35~18:00 ------------------------------- KBO 올스타 공식 행사
18:00 KBO ------------------------------- 올스타전

1) 다음과 같이 내용을 입력한 후 문단 서식을 설정해 보세요.

• 줄간격 : 180% 문단 아래 : 5pt, 왼쪽 여백 : 10pt

부산국제아트페어

▶ 부산국제아트페어 소개

문화 도시 부산을 중심으로 열린 미술 시장을 성공적으로 개최 해온 부산국제아트페어가 오는 12월 2일부터 12월 6일까지 5일간 더욱 발전된 모습으로 여러분을 찾아간다. 올해로 20회를 맞이하는 부산국제아트페어는 국내외 유명작가 250여 명이 3천여 점의 작품이 출품되는 아시아의 유일한 열린 미술장터로 온라인과 오프라인 양채널을 통해 전시된다.

▶ 기간 : 2021.12.02. (목) ~ 2021.12.06. (월)

▶ 장소 : 벡스코 제2전시장

▶ 주최 : 사단법인 케이아트국제교류협회

▶ 요금 : 유료-일반: 10,000원 / 학생: 5,000원

2) 제목에 문단 테두리와 왼쪽 여백을 설정해 보세요.

• 제목 : 문단 위, 아래 간격 : 5pt, 줄간격 : 100%

부산국제아트페어

▶ 부산국제아트페어 소개

문화 도시 부산을 중심으로 열린 미술 시장을 성공적으로 개최 해온 부산국제아트페어가 오는 12월 2일부터 12월 6일까지 5일간 더욱 발전된 모습으로 여러분을 찾아간다. 올해로 20회를 맞이하는 부산국제아트페어는 국내외 유명작가 250여 명이 3천여 점의 작품이 출품되는 아시아의 유일한 열린 미술장터로 온라인과 오프라인 양채널을 통해 전시된다.

▶ 기간 : 2021.12.02. (목) ~ 2021.12.06. (월)

▶ 장소 : 벡스코 제2전시장

▶ 주최 : 사단법인 케이아트국제교류협회

▶ 요금 : 유료-일반: 10,000원 / 학생: 5,000원

• 완성파일 : 아트페어_완성.hwp

3) '축제현황.hwp'를 불러와 탭을 이용하여 다음과 같이 만들어 보세요.

해운대 빛 축제
- 기 간 ————————————— 2021. 11. 27. ~ 2022. 02. 02.
- 시 간 ————————————— 18:00 ~ 24:00
- 장 소 ————————— 해운대해수욕장, 해운대광장, 해운대시장
- 요 금 ————————————————— 무료

제주국제관악제
- 기 간 ————————————— 2021. 12. 03. ~ 2021. 12. 07.
- 시 간 ————————————— 15:00 ~ 22:00
- 장 소 ————————— 제주아트센터 및 제주도내 일원
- 요 금 ————————————————— 무료

서울빛초롱축제
- 기 간 ————————————— 2021. 11. 26. ~ 2021. 12. 05.
- 장 소 ————————— 청계천 일대(청계폭포 ~ 장통교)
- 요 금 ————————————————— 무료

• 완성파일 : 축제현황_완성.hwp

Section

06 복사/이동하기와 모양 복사하기

작성한 문서에서 반복되는 내용을 복사하여 빠르게 입력하는 방법과 특정 문서의 위치를 다른 곳으로 이동시키는 방법에 대해 알아 봅니다. 모양 복사 기능을 이용하여 글꼴 서식이나 문단 서식을 빠르게 적용할 수 있습니다.

P·r·e·v·i·e·w

독도(獨島)

경상북도 울릉군 울릉읍 독도리에 속한 대한민국의 섬이다. 동해의 남서부, 울릉도와 오키 제도 사이에 위치하며, 동도와 서도를 포함한 총 91개의 크고 작은 섬들로 이루어져 있다. 울릉도에서 뱃길로 200여 리나 떨어져 있다. 서양권에서는 1849년에 독도를 발견한 프랑스 선박인 '리앙쿠르 호'의 이름을 따서 리앙쿠르 암초라고 부른다.

독도는 우리땅 - 2012년판

1. 울릉도 동남쪽 뱃길따라 87K 외로운 섬 하나 새들의 고향 그 누가 아무리 자기네 땅이라고 우겨도 **독도는 우리땅**
2. 경상북도 울릉군 울릉읍 독도리 동경 백삼십이 북위 삼십칠 평균기온 십삼도 강수량은 천팔백 **독도는 우리땅**
3. 오징어 꼴뚜기 대구 홍합 따개비 주민등록 최종덕 이장 김성도 19만 평방미터 799에 805 **독도는 우리땅**
4. 지증왕 13년 섬나라 우산국 세종실록지리지 강원도 울진현 하와이는 미국땅 대마도는 조선땅 **독도는 우리땅**
5. 러일전쟁 직후에 임자없는 섬이라고 억지로 우기면 정말 곤란해 신라장군 이사부 지하에서 웃는다 **독도는 우리땅**

▲ 완성파일 : 독도는 우리땅_완성.hwp

 학습 내용

- 반복되는 내용을 복사하는 방법에 대해 알 수 있습니다.
- 입력한 내용의 위치를 다른 곳으로 이동시킬 수 있습니다.
- 모양 복사를 이용하여 글꼴 서식이나 문단 서식을 반복 적용할 수 있습니다.

01 서식 도구 모음에서 🗁를 클릭하여 'C:₩한글2020_소스₩Section06'에서 '독도는 우리땅.hwp' 파일을 불러옵니다. 이동할 내용을 블록 설정한 다음, [편집]-[오려 두기]를 클릭합니다.

Plus Tip

오려 두기 단축키 : Ctrl + X

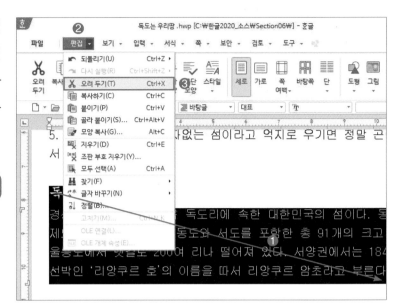

02 문서 맨 위 빈줄에 커서를 위치시킨 다음, [편집]-[붙이기]를 클릭합니다.

Plus Tip

붙이기 단축키 : Ctrl + V

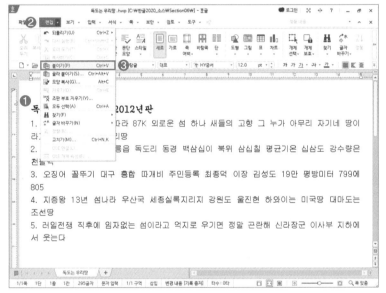

03 다음과 같이 내용의 위치가 이동된 것을 확인할 수 있습니다. 문단 사이의 간격을 설정하고 싶으면 커서를 붙이기한 문단 맨 아래 줄에 위치시킨 다음, [서식]-[문단 모양]을 클릭합니다.

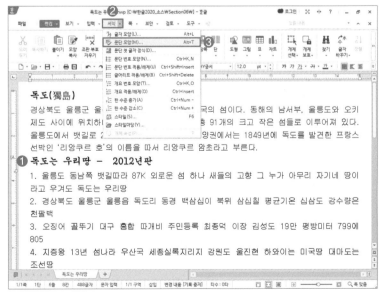

04 [문단 모양] 대화상자의 [기본] 탭에서 문단 아래 간격을 "10pt"로 지정하고 [설정]을 클릭합니다.

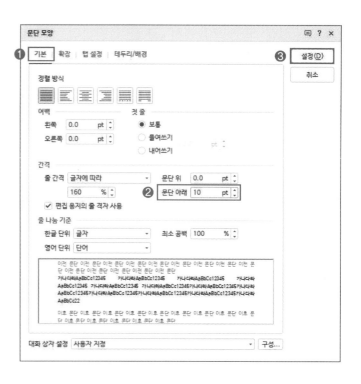

Power Upgrade

골라 붙이기

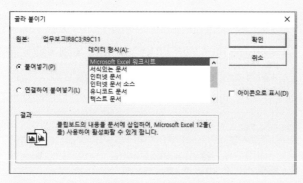

붙여넣기 : 클립보드에 복사된 내용을 커서 위치에 붙여 넣습니다.

연결하여 붙여넣기 : 복사한 파일을 커서 위치에 OLE 형태로 붙여 넣습니다. 원본 문서의 내용이 변경되면 편집 창에 붙여 넣은 내용도 함께 변경됩니다.

데이터 형식 : 목록에서 붙여 넣을 데이터 형식을 선택합니다.

아이콘으로 표시 : 내용이나 내용을 나타내는 아이콘을 파일에 표시할 것인지 지정합니다. [아이콘으로 표시]를 선택하여 골라 붙이기를 수행한 다음, 편집 창에서 아이콘을 마우스로 두 번 누르면 내용을 열어 볼 수 있습니다.

01 '독도는 우리땅'이라는 후렴구를 각 문단마다 붙이기로 합니다. '독도는 우리땅' 부분을 블록 설정한 다음, [편집]-[복사하기]를 클릭합니다.

PLUS TIP

또는 **Ctrl** + **C** 를 누릅니다.

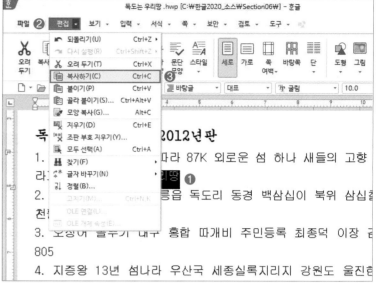

02 2절 가사 뒤에 커서를 위치시킨 다음, [편집]-[붙이기]를 클릭합니다.

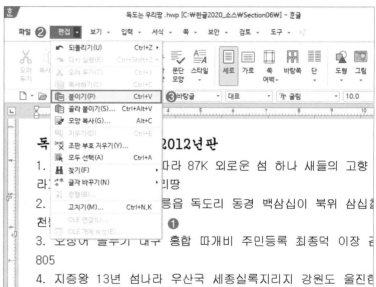

03 같은 방법으로 가사 맨 뒤에서 [편집]-[붙이기]를 클릭하여 다음과 같이 반복되는 내용을 빠르게 입력합니다.

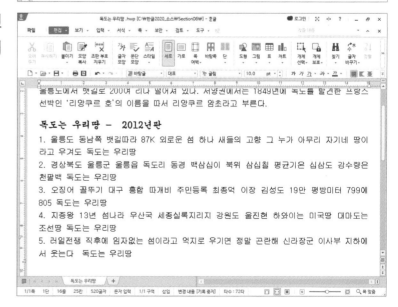

01 특정 서식이 적용된 문구를 한꺼번에 복사하고 싶을 때 모양 복사 기능을 이용하면 편리합니다. '독도는 우리땅'을 블록 설정한 다음, 서식 도구 모음에서 **가** (진하게)를 클릭하고, **가 ▾** (밑줄)-[얇고 굵은 이중선]을 선택합니다.

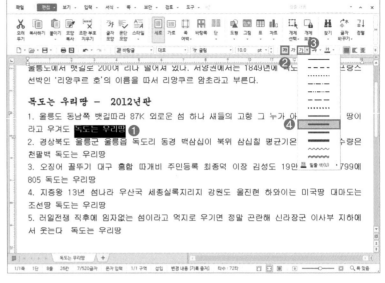

02 밑줄 색을 변경하기 위해 **가 ▾** (밑줄)-[밑줄 색]을 클릭하여 '빨강'을 선택합니다.

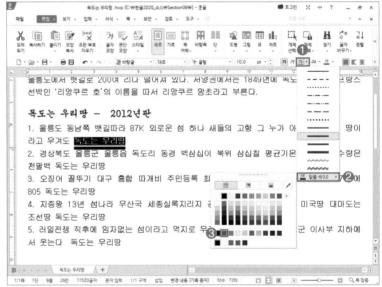

03 위에서 적용한 서식을 다른 곳에도 동일하게 적용시켜 보기로 합니다. 서식을 변경한 내용 중간에 커서를 위치시킨 다음, [편집]-[모양 복사]를 클릭합니다.

Plus Tip

모양 복사 단축키 : Alt + C

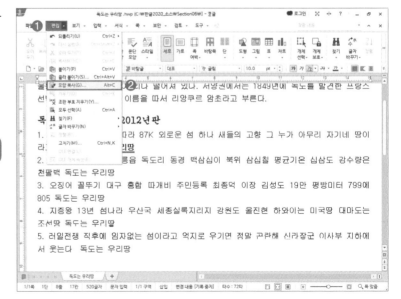

04 [모양 복사] 대화상자에서 '글자 모양'을 선택하고 [복사]를 클릭합니다.

Plus**T**ip

• 문단 모양 : 커서 위치의 문단 모양 서식을 복사합니다.
• 글자 모양과 문단 모양 둘 다 복사 : 커서 위치의 글자 모양과 문단 모양 서식 모두 복사합니다.

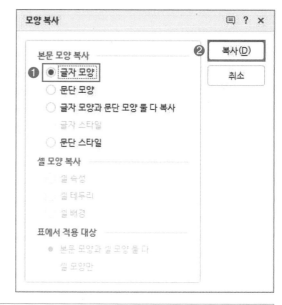

05 서식을 적용할 내용을 블록 설정한 다음, [편집]-[모양 복사] 또는 Alt + C 를 눌러 서식을 붙이기 합니다.

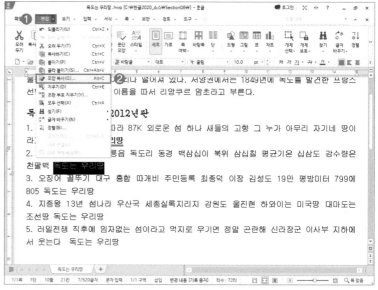

06 같은 방법으로 '독도는 우리땅' 문장에 글자 모양을 붙이기하여 완성합니다.

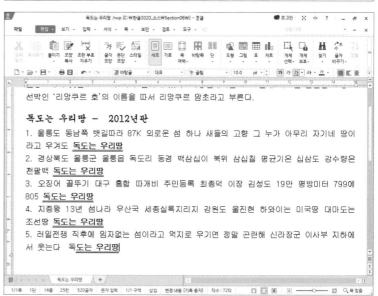

기초문제

1

상어가족 노래 가사를 복사/붙이기 기능을 이용하여 작성해 보세요.

상어가족

아기 상어 뚜 루루 뚜루 귀여운 뚜 루루 뚜루
바닷 속 뚜 루루 뚜루 아기 상어
엄마 상어 뚜 루루 뚜루 어여쁜 뚜 루루 뚜루
바닷 속 뚜 루루 뚜루 엄마 상어
아빠 상어 뚜 루루 뚜루 힘이 센 뚜 루루 뚜루
바닷 속 뚜 루루 뚜루 아빠 상어
할머니 상어 뚜 루루 뚜루 자상한 뚜 루루 뚜루
바닷 속 뚜 루루 뚜루 할머니 상어
할아버지 상어 뚜 루루 뚜루 멋있는 뚜 루루 뚜루
바닷 속 뚜 루루 뚜루 할아버지 상어
우리는 뚜 루루 뚜루 바다의 뚜 루루 뚜루 사냥꾼 뚜 루루 뚜루 상어 가족
상어다 뚜 루루 뚜루 도망쳐 뚜 루루 뚜루 도망쳐 뚜 루루 뚜루 숨자 으악
살았다 뚜 루루 뚜루 살았다 뚜 루루 뚜루 오늘도 뚜 루루 뚜루 살았다
휴 신난다 뚜 루루 뚜루 신난다 뚜 루루 뚜루 춤을 춰 뚜 루루 뚜루
노래 끝
오예~

2

다음과 같이 애국가를 작성하여 저장해 보세요.

• 완성파일 : 애국가_완성.hwp

애국가[愛國歌] 작곡 : 안익태(安益泰)
1절 : 동해물과 백두산이 마르고 닳도록 하느님이 보우하사 우리나라 만세.
(후렴) 무궁화 삼천리 화려강산 대한 사람, 대한으로 길이 보전하세.

2절 : 남산 위에 저 소나무, 철갑을 두른 듯 바람서리 불변함은 우리 기상일세.
(후렴) 무궁화 삼천리 화려강산 대한 사람, 대한으로 길이 보전하세.

3절 : 가을 하늘 공활한데 높고 구름 없이 밝은 달은 우리 가슴 일편단심일세.
(후렴) 무궁화 삼천리 화려강산 대한 사람, 대한으로 길이 보전하세.

4절 : 이 기상과 이 맘으로 충성을 다하여 괴로우나 즐거우나 나라 사랑하세.
(후렴) 무궁화 삼천리 화려강산 대한 사람, 대한으로 길이 보전하세.

3

모양 복사 기능을 이용하여 다음과 같이 글꼴 서식을 복사하여 문서를 완성하세요.

• 완성파일 : 상어가족_완성.hwp

상어가족

≤≥≤
아기 상어 뚜 루루 뚜루 귀여운 뚜 루루 뚜루
바닷 속 뚜 루루 뚜루 아기 상어
엄마 상어 뚜 루루 뚜루 어여쁜 뚜 루루 뚜루
바닷 속 뚜 루루 뚜루 엄마 상어
아빠 상어 뚜 루루 뚜루 힘이 센 뚜 루루 뚜루
바닷 속 뚜 루루 뚜루 아빠 상어
할머니 상어 뚜 루루 뚜루 자상한 뚜 루루 뚜루
바닷 속 뚜 루루 뚜루 할머니 상어
할아버지 상어 뚜 루루 뚜루 멋있는 뚜 루루 뚜루
바닷 속 뚜 루루 뚜루 할아버지 상어
우리는 뚜 루루 뚜루 바다의 뚜 루루 뚜루 사냥꾼 뚜 루루 뚜루 상어 가족
상어다 뚜 루루 뚜루 도망쳐 뚜 루루 뚜루 도망쳐 뚜 루루 뚜루 숨자 으악
살았다 뚜 루루 뚜루 살았다 뚜 루루 뚜루 오늘도 뚜 루루 뚜루 살았다
휴 신난다 뚜 루루 뚜루 신난다 뚜 루루 뚜루 춤을 춰 뚜 루루 뚜루
노래 끝
오예~
≤≥≤

심화문제

1) 복사 기능을 이용하여 다음과 같이 내용을 입력한 후 '범내려온다.hwp'로 저장해 보세요.

힌트
• ◈ → 문자표 – [한글(HNC)] – [기타 기호]

◈◈◈◈◈◈◈ 범 내려온다 ◈◈◈◈◈◈◈

범 내려온다. 범이 내려온다. 장림깊은 골로 대한 짐승이 내려온다.
몸은 얼숭덜숭, 꼬리는 잔뜩 한 발이 넘고,
누에 머리 흔들며, 전동같은 앞다리, 동아같은 뒷발로 양 귀 쩌어지고,
쇠낫같은 발톱으로 잔디부리 왕모래를 좌르르르르 홋치며,
주홍 입 쩍 벌리고 '워러렁' 허는 소리하늘이 무너지고
땅이 툭 꺼지난 듯, 자레 정신없이 목을 움추리고 가만이 엎졌겄다.
범 내려온다. 범이 내려온다.
숭림 깊은 골로 한 짐생이 내려온다.
누에 머리를 흔들며, 양 귀 쪽 찢어지고, 몸은 얼숭덜숭, 꼬리는 잔뜩
한 발이 넘고, 동 개같은 앞다리, 전동같은 뒷다리,
새 낫 같은 발톱으로 엄동설한 백설격으로 잔디 부리 왕모래 좌르르르르르르 홋고,
주홍 입 쩍 벌리고 자라 앞에 가 우뚝 서홍앵앵앵 허는 소리 산천이 뒤덮고, 땅이 툭 꺼지난 듯,
자라가 깜짝 놀레, 목을 움치고 가만이 엎졌을 제.
범 내려온다. 범이 내려온다.
숭림 깊은 골로 한 짐생이 내려온다.
누에 머리를 흔들며,양 귀 쪽 찢어지고, 몸은 얼숭덜숭, 꼬리는 잔뜩
범 내려온다. 범이 내려온다.
범 내려온다. 범이 내려온다.
범 내려온다. 범이 내려온다.
범 내려온다. 범이 내려온다.

2) 다음과 같이 반복되는 내용의 글꼴 서식을 빠르게 적용해 보세요.

• 완성파일 : 범내려온다_완성.hwp

◈◈◈◈◈◈◈ 범 내려온다 ◈◈◈◈◈◈◈

범 내려온다. 범이 내려온다. 장림깊은 골로 대한 짐승이 내려온다.
몸은 얼숭덜숭, 꼬리는 잔뜩 한 발이 넘고,
누에 머리 흔들며, 전동같은 앞다리, 동아같은 뒷발로 양 귀 쩌어지고,
쇠낫같은 발톱으로 잔디부리 왕모래를 좌르르르르 홋치며,
주홍 입 쩍 벌리고 '워러렁' 허는 소리하늘이 무너지고
땅이 툭 꺼지난 듯, 자레 정신없이 목을 움추리고 가만이 엎졌겄다.
범 내려온다. 범이 내려온다.
숭림 깊은 골로 한 짐생이 내려온다.
누에 머리를 흔들며, 양 귀 쪽 찢어지고, 몸은 얼숭덜숭, 꼬리는 잔뜩
한 발이 넘고, 동 개같은 앞다리, 전동같은 뒷다리,
새 낫 같은 발톱으로 엄동설한 백설격으로 잔디 부리 왕모래 좌르르르르르르 홋고,
주홍 입 쩍 벌리고 자라 앞에 가 우뚝 서홍앵앵앵 허는 소리 산천이 뒤덮고, 땅이 툭 꺼지난 듯,
자라가 깜짝 놀레, 목을 움치고 가만이 엎졌을 제.
범 내려온다. 범이 내려온다.
숭림 깊은 골로 한 짐생이 내려온다.
누에 머리를 흔들며,양 귀 쪽 찢어지고, 몸은 얼숭덜숭, 꼬리는 잔뜩
범 내려온다. 범이 내려온다.
범 내려온다. 범이 내려온다.
범 내려온다. 범이 내려온다.

3) '여행.hwp' 파일을 불러와 오려두기와 모양 복사 기능을 이용하여 다음과 같이 문서를 완성해 보세요.

• 완성파일 : 여행_완성.hwp

#1 스페인 여행

빠르고 현대적인 열차로 포도주 산지, 작은 마을, 맑은 해변들을 한 쾌적하게 여행할 수 있습니다. 할기찬 도시들, 맛있는 음식, 축제까지 흥미진진한 문화 체험할 수 있습니다.

◐ 마드리드
문화와 에너지가 가득한 스페인의 수도인 마드리드 여정에서는 아트 워크(Art Walk)를 거닐고, 세계 최고 수준의 프라도 미술관(Prado)을 포함한 수많은 미술관을 관람할 수 있습니다.

◐ 바르셀로나
지중해의 기후와 대도시의 분위기, 수많은 즐길 거리가 있는 곳으로 안토니 가우디의 건축물을 쉽게 접할 수 있습니다.

◐ 발렌시아
발렌시아(Valencia)는 스페인의 가장 오래된 도시들 중 하나로 고대 로마의 건축물부터 미래적인 예술과 과학의 도시(City of Arts and Sciences)까지 다양한 모습을 지니고 있습니다.

07 문단 번호와 글머리 기호 삽입하기

여러 개의 항목을 나열할 때 문단 번호나 글머리 기호를 설정할 수 있습니다. 문단 번호는 10수준까지 다단계 번호를 매길 수 있고, 문단 번호를 사용한 문장의 순서가 바뀌면 문단 번호도 그것에 맞게 자동으로 바꾸어 줍니다.

Preview

§ 시설 대관 이용 안내 §

1. 정회원 시설신청 안내
　ㄱ. 온라인 회원가입
　ㄴ. 정회원 가입 및 교육
　ㄷ. 온라인 신청 및 승인 확인
　ㄹ. 시설 이용 및 확인 제출
2. 단체 시설신청 안내
　ㄱ. 대관문의 및 일정 상담
　ㄴ. 공문 접수
　ㄷ. 승인 여부 확인
　ㄹ. 사전 교육
　ㅁ. 시설 이용 및 확인서 제출
3. 단체 시설이용 절차
　● 시청자참여프로그램 제작 또는 시청자참여프로그램 관련 교육, 행사인 경우
　● 미디어 제작 또는 미디어 관련 교육, 행사인 경우
　● 소외계층을 주된 대상으로 하는 경우
　● 비영리 목적의 행사인 경우

▲ 완성파일 : 이용내역_완성.hwp

 학습 내용

– 문단 번호를 설정하는 방법에 대해 알 수 있습니다.
– 글머리표를 문단 잎에 표시하는 빙법에 대해 알 수 있습니디.

따라하기 01 문단 번호 설정하기

01 서식 도구 모음에서 📂를 클릭하여
'C:\한글2020_소스\Section07'에서
'이용내역.hwp' 파일을 불러옵니다. 문단 번호
를 설정할 내용을 블록 설정한 다음, [서식]–
[문단 번호 모양]을 클릭합니다.

PlusTip

문단 번호 모양 단축키 : Ctrl + K , N

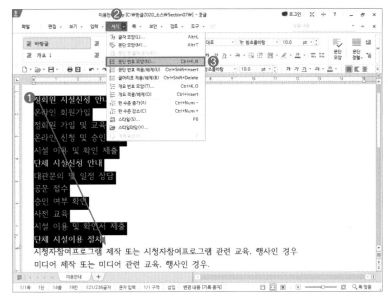

02 [글머리표 및 문단 번호] 대화상자의
[문단 번호] 탭에서 문단 번호 모양을
다음과 같이 선택한 다음, 2수준 문단의 번호
모양을 변경하기 위해 [사용자 정의]를 클릭합
니다.

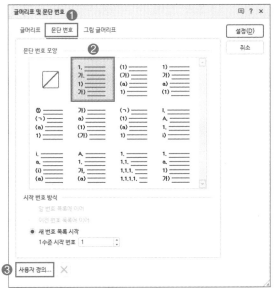

03 [문단 번호 사용자 정의 모양] 대화상
자에서 수준은 '2수준', 번호 모양은
'ㄱ, ㄴ, ㄷ', 번호 위치의 너비 조정은 "10pt",
정렬은 '오른쪽'으로 지정하고 [설정]을 클릭합
니다.

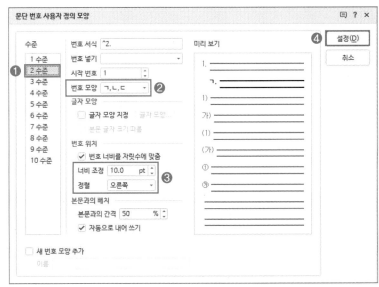

04 [글머리표 및 문단 번호] 대화상자에 설정한 문단 번호가 등록되면 [설정]을 클릭합니다.

05 다음과 같이 2수준 문단의 번호를 감소시키기 위해 블록 설정한 다음, [서식]-[한 수준 감소]를 클릭합니다.

Plus**T**ip

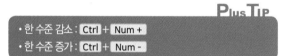

- 한 수준 감소 : Ctrl + Num +
- 한 수준 증가 : Ctrl + Num -

06 같은 방법으로 다음과 같이 블록 설정한 다음, [서식]-[한 수준 감소]를 클릭하여 문단 수준을 감소합니다.

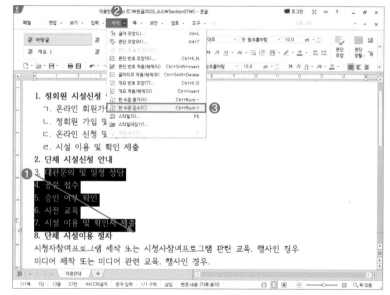

Power Upgrade

문단 시작 번호 변경

[글머리표 및 문단 번호] 대화상자의 [문단 번호] 탭에서 '시
작 번호 방식'을 '새 번호 목록 시작'을 선택하고, 1수준 시작
번호를 설정하면 됩니다.

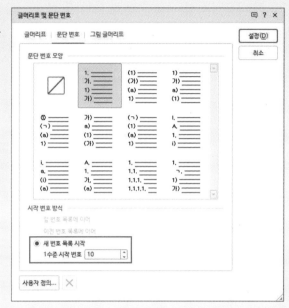

문단 번호 해제

문단 번호가 설정된 영역을 블록 설정한 다음, [서식]−[문
단 번호 적용/해제]를 클릭하거나 Ctrl + Shift + Insert 를
누르면 문단 번호가 해제됩니다.

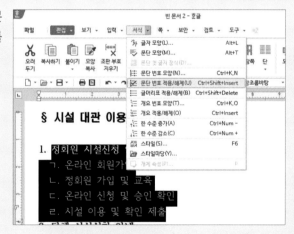

자동 번호 매기기

공백 없는 문단 맨 앞에서 숫자 "1."을 입력한 다음, 한 칸
띄어 내용을 입력하면 자동으로 번호 서식이 적용됩니다.
자동 번호 매기기를 끝내려면 번호 뒤에 아무것도 입력하
지 않은 상태에서 Enter 를 누릅니다.

01 글머리표를 설정할 문단을 블록 설정한 다음, [서식]-[문단 번호 모양]을 클릭합니다.

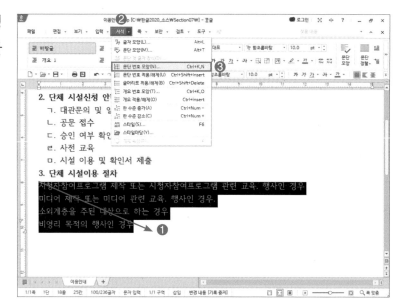

02 [글머리표 및 문단 번호] 대화상자의 [글머리표] 탭에서 원하는 글머리표를 선택한 다음, 문단 여백을 설정하기 위해 [사용자 정의]를 클릭합니다.

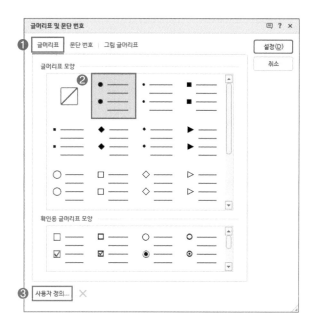

03 [글머리표 사용자 정의 모양] 대화상자에서 너비 조정을 "10pt"로 지정하고, 정렬은 '오른쪽'으로 선택한 다음, [설정]을 클릭합니다.

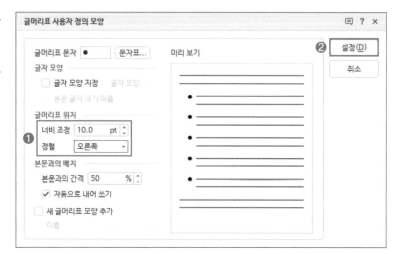

04 [글머리표 및 문단 번호] 대화상자에서 [설정]을 클릭합니다.

05 다음과 같이 문단에 글머리표가 설정된 것을 확인할 수 있습니다.

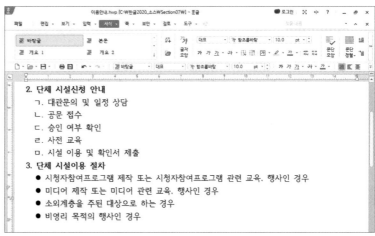

Power Upgrade

그림으로 글머리기호 삽입하기

[글머리표 및 문단 번호] 대화상자의 [그림 글머리표] 탭에서 그림으로 글머리 기호를 설정할 수 있을 뿐만 아니라 [사용자 정의]를 클릭하여 컴퓨터에 저장되어 있는 그림으로 설정할 수도 있습니다.

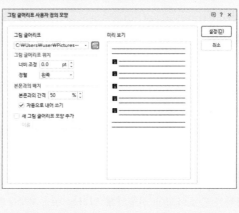

1

다음과 같이 문단 번호를 이용하여 문서를 작성해 보세요.

■ 청소년 봉사활동 박람회 개요

  I. 주제 및 기간

    A. 주제 : 청소년 봉사활동, 나눔과 행복

    B. 기간 : 2022. 4. 6. ~ 4. 8.

  II. 주최 및 장소

    C. 주최 : 여성가족부, 한국청소년활동진흥원

    D. 장소 : 세종 컨벤션홀

2

문단 번호 모양을 다음과 같이 변경하고 '봉사활동.hwp'로 저장해 보세요.

• 완성파일 : 봉사활동_완성.hwp

■ 청소년 봉사활동 박람회 개요

  A. 주제 및 기간

    1. 주제 : 청소년 봉사활동, 나눔과 행복

    2. 기간 : 2022. 4. 6. ~ 4. 8.

  B. 주최 및 장소

    1. 주최 : 여성가족부, 한국청소년활동진흥원

    2. 장소 : 세종 컨벤션홀

3

'공공누리.hwp' 파일을 불러와 다음과 같이 문단 번호와 글머리표를 설정해 보세요.

• 완성파일 : 공공누리_완성.hwp

I. 공공누리란?

- 공공누리는 국가, 지방자치단체, 공공기관이 4가지 공공누리 유형마크를 통해 개방한 공공저작물 정보를 통합 제공하는 서비스입니다.
- 공공누리는 저작물별로 적용된 유형별 이용조건에 따라 저작권 침해의 부담 없이,무료로 자유롭게 이용가능합니다.

II. 기대효과

  A. 국가나 지방자치단체 및 공공기관

    a. 공공저작물의 이용조건이나 범위 등을 개별적으로 정해야 할 필요가 없습니다.

    b. 공공저작물의 저작권을 보유하면서도 개방을 통한 활용성을 높일 수 있습니다.

    c. 표준화된 약관을 사용하여 공정성을 지키고 저작권 분쟁의 소지를 예방할 수 있습니다.

  B. 일반 이용자

    a. 이용허락절차가 긴소화되어 신속하게 원하는 공공저작물을 이용할 수 있습니다.

    b. 품실 좋은 저삭물을 무상으로 자유롭게 이용할 수 있습니다.

    c. 공공누리의 이용조건을 준수함으로써 저작권 침해에 대한 부담에서 벗어날 수 있습니다.

1) '여행앱.hwp' 파일을 불러와 다음과 같이 글머리표와 문단 번호를 설정해 보세요.

해외안전 여행 앱을 사용해야 하는 이유!

I. '모바일 동행 서비스'가 내 손에!
   - 사전에 여행 일정을 등록해 두면, 국가별 최신 안전정보가 실시간 푸시 알림으로 제공돼요.
   - 위급상황 발생 등 필요 시, 등록된 비상 연락처를 통해 국내 가족 또는 지인에게 위치 정보를 문자메시지로 즉각 전송할 수 있어요.

II. 국가정보와 재외공관 연락처가 한눈에!
   - 국가/지역별 기본정보 및 날씨, 교통정보, 현지 문화 등을 쉽게 확인할 수 있어요.
   - 각 재외공관의 대표번호(근무시간 중)와 긴급연락처(24시간)를 바로 찾아볼 수 있어요.

III. 예기치 못한 사태에 대한 만반의 대비!
   - 사증(비자), 입국 수속 등 여행 전 점검 사항을 미리 확인하고 준비할 수 있어요.
   - 인질/납치, 대규모 시위, 테러 등 위기 상황별 대처 안내서를 간편하게 숙지할 수 있어요.
   - 터치 한 번이면 바로 영사콜센터에 전화해서 도움을 얻을 수 있어요.

---

2) '문화재.hwp' 파일을 불러와 그림으로 글머리표를 설정하여 문서를 완성하세요.

▦▦▦▦▦▦▦▦ 우리의 문화재 ▦▦▦▦▦▦▦▦

■ 서울 숭례문 국보 제1호
   ▪ 조선 태조 7년(1398)에 한양도성의 남쪽 대문으로 세워졌다. 이 문은 돌을 높이 쌓아 만든 석축 가운데에 무지개 모양의 홍예문을 두고, 그 위에 앞면 5칸·옆면 2칸 크기로 지은 누각형 2층 건물이다.

■ 원각사지 십층석탑 국보 제2호
   ▪ 세조가 세운 원각사 터에 남아 있는 높이 12m의 십층 석탑이다. 원각사는 1465년(세조 11)에 조계종의 본산이었던 흥복사 터를 확장하여 세운 사찰인데, 이 탑은 2년 뒤인 1467년(세조 13)에 완성했다.

■ 보은 법주사 쌍사자 석등 국보 제5호
   ▪ 법주사 대웅전과 팔상전 사이에 있는 통일신라시대의 석등으로, 사자를 조각한 석조물 가운데 가장 오래되었으며 매우 독특한 형태를 하고 있다.

---

3) '식중독.hwp' 파일을 불러와 원하는 기호로 글머리표를 설정해 보세요.

한겨울 식중독
노로바이러스

1. 겨울철 식중독, 노로바이러스는 무엇인가요?
   ◈ 노로바이러스에 의한 유행성 바이러스성 위장염으로 우리나라에서 발생하는 수인성·식품매개 질환 중 가장 흔한 것입니다. 기존 식중독 바이러스들과는 달리 기온이 낮을수록 더 활발하게 움직이는데다, 전세계에 걸쳐 산발적으로 감염이 발생합니다.

2. 노로바이러스는 어떤 경로를 통해 걸리게 되나요?
   ◈ 굴, 조개, 생선 같은 수산물을 익히지 않고 먹을 경우, 집단 배식에서 조리자의 손이 오염되고 그 음식을 섭취한 경우, 구토물, 침 같은 분비물이 묻은 손으로 음식을 먹은 경우, 설사 증세를 보이는 유아의 기저귀를 만진 경우 등 주로 오염된 식품 식수, 환자 접촉 등을 통해 발생합니다.

3. 노로바이러스 감염예방 수칙
   ◈ 화장실 사용 후, 식사 전, 음식 준비 전 꼭 손을 씻으세요.
   ◈ 음식을 완전히 익혀서 먹어야 합니다. 특히 조개 등 패류 섭취 시 완전히 익히세요.
   ◈ 야채 및 과일 등 생으로 섭취하는 채소류는 깨끗한 물에 씻어서 섭취하세요.
   ◈ 환경 위생 관리에 주의하세요. 질병 발생 후 오염된 옷, 이불 등은 즉시 살균, 세탁하세요.
   ◈ 설사 등 증상이 있을 경우 음식을 조리하거나, 영유아, 환자 등 간호하지 않아야 합니다.

자료출처 :네이버 지식백과 한겨울 식중독, 노로바이러스

힌트

· [글머리표 및 문단번호] 대화상자의 [글머리표] 탭에서 [사용자 정의]를 클릭하여 [문자표]를 선택하면 원하는는 문자로 글머리표를 설정할 수 있습니다.

08 스타일 설정하고 이용하기

자주 사용하는 글자 모양이나 문단 모양을 미리 저장해 놓고 사용하는 것을 '스타일(styles)'이라고 합니다. 스타일을 만들어 놓으면 필요할 때 그 스타일을 선택하면 해당 문단의 글자 모양과 문단 모양을 한번에 바꿀 수 있습니다.

P·r·e·v·i·e·w

해외직구(전자상거래) 통관절차

1. 개념
- [전자거래기본법] 제2조 제5호에 의한 전자거래 방법으로 행하는 거래하는 것을 말합니다.
- 일반적 전자상거래는 인터넷쇼핑몰 등에서 주문, 택배 수령하는 방식으로 이루어지는 거래 방식입니다.
- 신속배송 및 간편한 화물추적을 위해 특송화물 또는 우편(EMS)를 주로 이용합니다.

2. 거래유형
- 직접배송 : 해외 쇼핑몰에서 직접 주문 결제하고 직접 배송 받는 방식
- 배송대행 : 해외 쇼핑몰에서 직접 주문 결제 및 배대지 입력, 배송대행업체가 현지 물류창고에서 주문물품을 대신 수령한 후 배송대행 서비스를 이용하여 제품을 배송 받는 방식
- 구매대행 : 대행업체에 물품가격, 물류비, 수수료 등을 지불하고 구매부터 배송까지 모든 절차 위임

3. 수입통관방법
- 전자상거래물품은 운송방법에 따라 통관절차 적용
- 특송업체가 운송 반입한 경우 특송통관절차 적용
- 우체국을 통해 반입된 경우 우편통관절차 적용
- 일반 운송업체가 운송 반입한 경우 일반수입통관절차 적용

▲ 완성파일 : 해외직구_완성.hwp

 학습 내용

– 스타일을 설정하는 방법에 대해 알 수 있습니다.
– 이미 저장해 놓은 스타일을 수정할 수 있습니다.
– 저장한 스타일을 다른 문서에서 사용할 수 있도록 할 수 있습니다.

01 'C:₩한글2020_소스₩Section08'에서 '해외직구.hwp' 파일을 불러옵니다. 제목을 블록 설정한 다음, 서식 도구 상자에서 글꼴은 'HY헤드라인', 글꼴 크기는 '15pt', 정렬은 가운데 정렬을 클릭합니다.

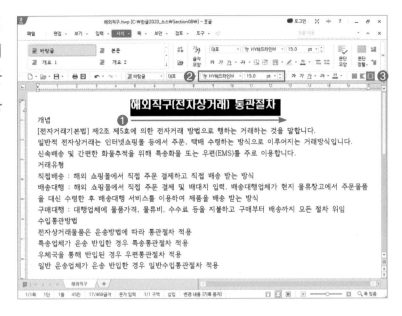

02 커서를 문단 제목인 '개념' 뒤에 위치시킨 다음, 문단 제목 스타일을 만들기 위해 [서식]-[스타일]을 클릭합니다.

PLUS TIP

스타일 단축키 : F6

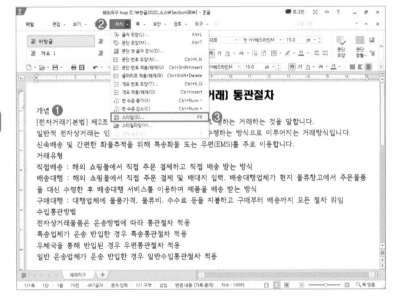

03 [스타일] 대화상자에서 스타일을 + (스타일 추가하기)를 클릭합니다.

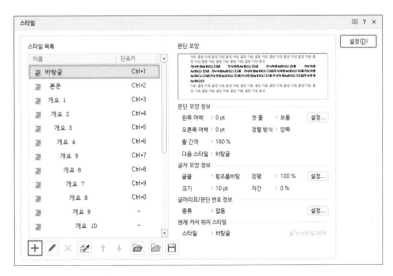

04 [스타일 추가하기] 대화상자가 나타나면 스타일 이름을 "문단제목"으로 입력하고 [문단 모양]을 클릭합니다.

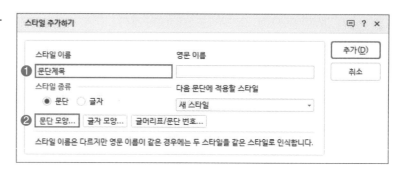

05 [문단 모양] 대화상자의 [기본] 탭에서 문단 위 간격은 '5pt', 문단 아래 간격은 '3pt'로 지정하고 [설정]을 클릭합니다.

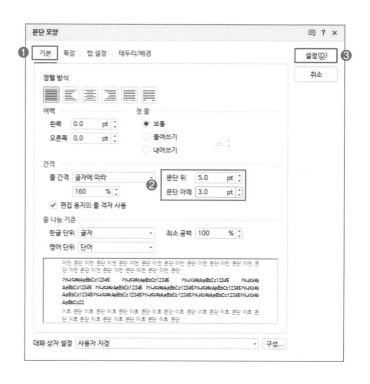

06 글자 모양 스타일을 지정하기 위해 [스타일 추가하기] 대화상자에서 [글자 모양]을 클릭합니다.

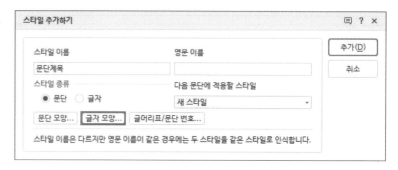

07 [글자 모양] 대화상자의 [기본] 탭에서 기준 크기는 "12pt", 글꼴은 'HY 견고딕'으로 지정하고 [설정]을 클릭합니다.

08 [스타일 추가하기] 대화상자로 돌아가면 [추가]를 클릭합니다.

09 문단 제목에 대한 스타일이 만들어졌습니다. 이어서 내용에 대한 스타일을 설정하기 위해 [스타일] 대화상자에서 ➕ (스타일 추가하기)를 클릭합니다.

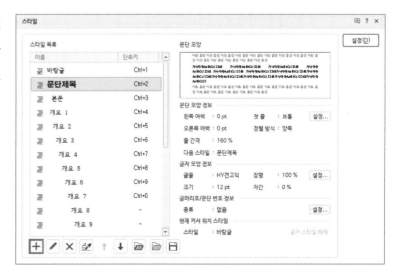

10 [스타일 추가하기] 대화상자가 나타나면 스타일 이름을 "내용"으로 입력하고 [문단 모양]을 클릭합니다.

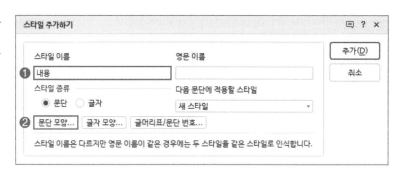

11 [문단 모양] 대화상자의 [기본] 탭에서 문단 아래 간격을 "3pt"로 지정하고 [설정]을 클릭합니다.

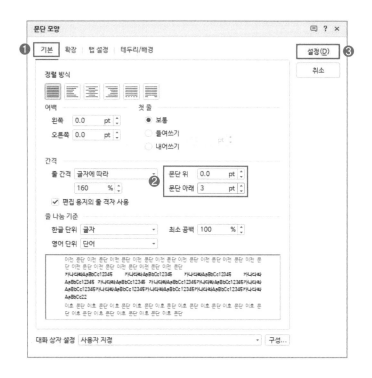

12 글꼴 서식을 지정하기 위해 [스타일 추가하기] 대화상자에서 [글자 모양]을 클릭합니다.

13 [글자 모양] 대화상자의 [기본] 탭에서 기준 크기는 "11pt", 글꼴은 '휴먼명조', 자간은 "−2%"로 지정하고 [설정]을 클릭합니다.

14 [스타일 추가하기] 대화상자로 돌아가면 [추가]를 클릭합니다.

15 [스타일] 대화상자에 '내용' 스타일과 '문단제목' 스타일이 등록된 것을 확인하고 ✕ (닫기)를 클릭합니다.

Plus Tip

[스타일] 대화상자에서 [설정]을 클릭하면 현재 선택한 스타일이 커서가 있는 문단에 바로 적용이 됩니다.

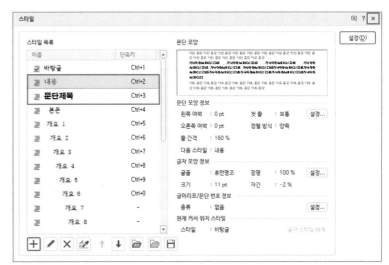

16 스타일을 적용할 '개념'에 커서를 위치시킨 다음, 서식 도구 상자에서 [바탕글] 펼침(▼) 단추를 클릭한 후 [문단제목]을 선택합니다.

PLUS TIP

F6를 눌러 나타난 스타일 대화상자에서 '문단제목'을 선택해도 됩니다.

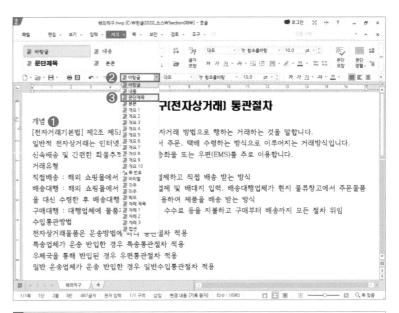

17 '개념'이 지정한 스타일로 변경되었습니다. 이어서 본문에 스타일을 적용시키기 위해 다음과 같이 내용 부분을 블록 설정한 다음, 서식 도구 상자에서 [바탕글] 펼침(▼) 단추를 클릭한 후 [내용]을 선택합니다.

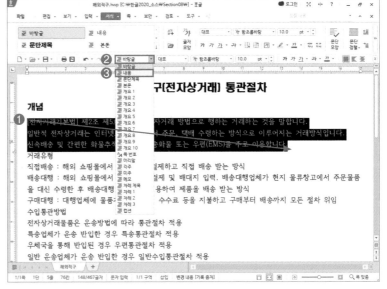

18 같은 방법으로 문단제목과 내용 스타일을 다음과 같이 적용합니다.

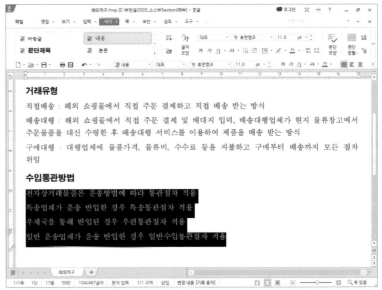

01 설정된 스타일을 다른 형태로 편집하려면 [서식]-[스타일]을 클릭합니다.

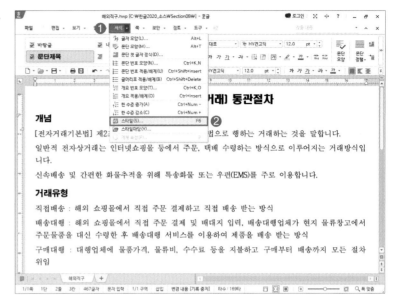

02 [스타일] 대화상자의 스타일 목록에서 '문단제목' 스타일을 선택한 후 ✎(스타일 편집하기)를 클릭합니다.

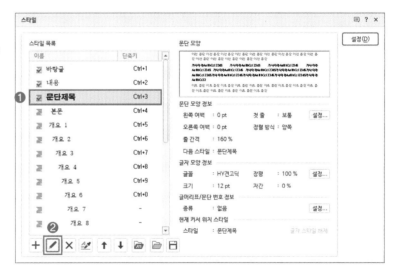

03 [스타일] 편집하기 대화상자에서 [글자 모양]을 클릭합니다.

04 [글자 모양] 대화상자의 [기본] 탭에서 글자색 펼침(▼) 단추를 클릭하여 원하는 색을 선택한 후 [설정]을 클릭합니다.

05 [스타일 편집하기] 대화상자에서 [글머리표/문단 번호]를 클릭합니다.

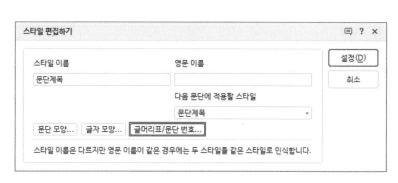

06 [글머리표 및 문단 번호] 대화상자의 [문단 번호] 탭에서 첫 번째 문단 번호를 선택한 후 [설정]을 클릭합니다.

07 [스타일 편집하기] 대화상자에서 [설정]을 클릭합니다.

08 이번에는 '내용' 스타일을 편집하기 위해 [스타일] 대화상자의 스타일 목록에서 '내용' 스타일을 선택한 후 ✎ (스타일 편집하기)를 클릭합니다.

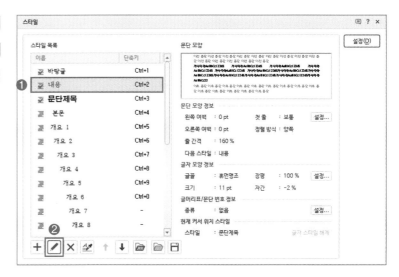

09 [스타일 편집하기] 대화상자에서 [문단 모양]을 클릭합니다.

10 [문단 모양] 대화상자의 [기본] 탭에서 왼쪽 여백을 "10pt"로 지정하고 [설정]을 클릭합니다.

11 [스타일 편집하기] 대화상자에서 [글머리표/문단 번호]를 클릭합니다.

12 [글머리표 및 문단 번호] 대화상자의 [글머리표] 탭에서 다음과 같이 글머리표를 선택한 후 [설정]을 클릭합니다.

13 [스타일 편집하기] 대화상자에서 [설정]을 클릭합니다.

14 [스타일] 대화상자에 ✕ (닫기)를 클릭합니다.

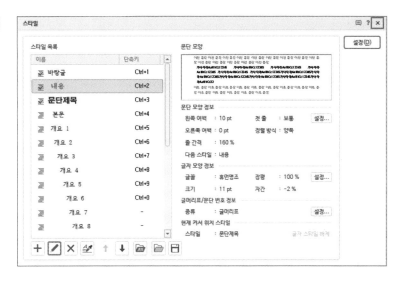

15 다음과 같이 문단제목과 내용 스타일이 수정된 것을 확인할 수 있습니다.

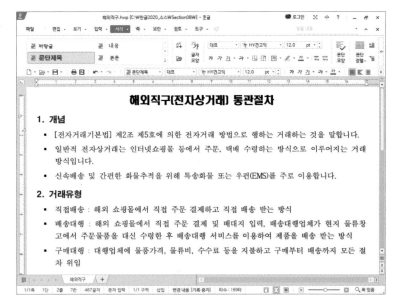

01 설정된 스타일을 다른 문서에도 적용 시킬 수 있습니다. 설정한 스타일을 새 문서에 적용하기 위해 [서식]-[스타일]을 클릭 합니다.

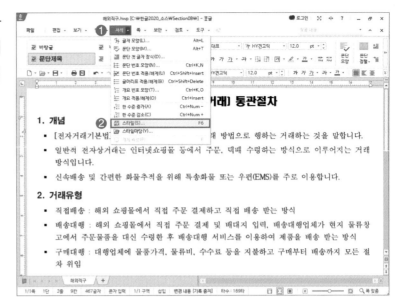

02 [스타일] 대화상자에서 🖫(스타일 내 보내기)를 클릭합니다.

03 [스타일 내보내기] 대화상자에서 파일 선택 펼침(▼) 단추를 클릭하여 '한글 기본 스타일'을 선택합니다. Shift 를 누른 상 태로 '내용'과 '문단제목'을 선택하고 ⟩(복사) 를 클릭합니다. 복사 유무를 묻는 대화상자가 나타나면 [복사]를 클릭합니다.

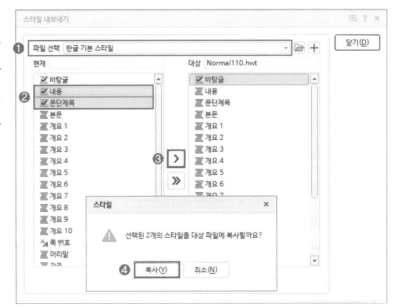

04 대상 스타일 목록에 내용과 문단제목 스타일이 복사되면 [닫기]를 클릭합니다.

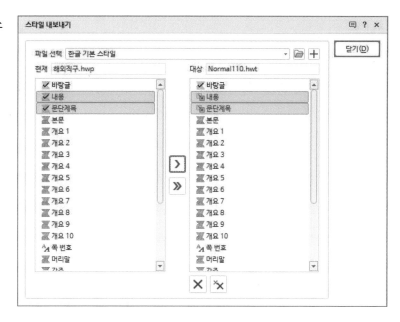

05 스타일 저장 유무를 묻는 대화상자에서 [저장]을 클릭한 다음, [스타일] 대화상자에서 ✕ (닫기)를 클릭합니다.

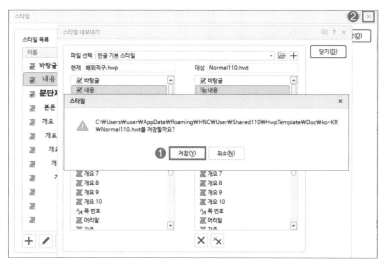

06 확인하기 위해 서식 도구 상자에서 ☐ (새 문서)를 클릭합니다. 빈문서 창에서 바탕글 펼침 (▼) 단추를 클릭하면 '내용'과 '문단제목' 스타일이 추가된 것을 볼 수 있습니다.

07 저장된 스타일을 삭제하려면 [서식]–[스타일]을 클릭합니다.

08 [스타일] 대화상자에서 🖫(스타일 내보내기)를 클릭합니다.

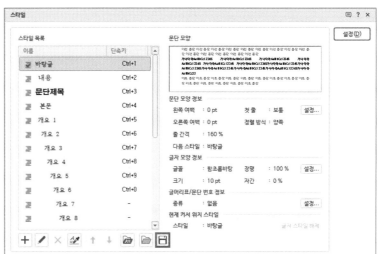

09 [스타일 내보내기] 대화상자의 대상 목록에서 Shift 를 누른 상태로 '내용'과 '문단제목' 스타일을 선택한 후 ✕ (지우기)를 클릭합니다. 파일 복사 유무를 묻는 대화상자에서 [복사]를 클릭합니다.

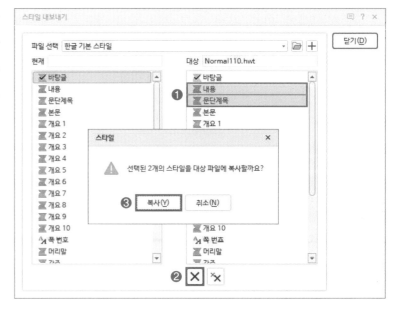

10 선택한 두 개의 스타일이 삭제되면 [닫기]를 클릭합니다. 스타일 저장 유무를 묻는 대화상자가 나타나면 [저장]을 클릭하고, [스타일] 대화상자에서 ✕ (닫기)를 클릭합니다.

11 서식 도구 상자에서 □ (새 문서)를 클릭합니다. 빈문서 창에서 바탕글 펼침 (▼) 단추를 클릭하면 '내용'과 '문단제목' 스타일이 삭제된 것을 확인할 수 있습니다.

스타일 대화상자

Power Upgrade

아이콘	기능	설명
✎	스타일 편집하기	이미 있는 스타일의 이름, 문단 모양, 글자 모양 등의 스타일 내용을 고칩니다.
✕	스타일 지우기	사용하지 않는 스타일이나 필요 없는 스타일을 지워 스타일 목록을 정리합니다.
✐	현재 모양으로 바꾸기	스타일 목록에서 선택한 스타일이 현재 커서가 위치한 문단의 글자 모양이나 문단 모양으로 바뀝니다.
↑	한 줄 위로 이동하기	스타일 목록에서 선택한 스타일을 위로 이동시킵니다.
↓	한 줄 아래로 이동하기	스타일 목록에서 선택한 스타일을 아래로 이동시킵니다.
📁	스타일마당	[스타일마당] 대화 상자가 나타납니다.
📂	스타일 가져오기	스타일이 적용된 한글 문서나 저장해 놓은 스타일 파일(*.sty)을 불러옵니다.
💾	스타일 내보내기	현재 문서에 정의되어 있는 스타일 내용을 별도의 스타일 파일(*.sty)로 저장합니다.

1

'국립공원.hwp' 파일을 불러와 다음 조건에 따라 스타일을 설정하고 적용해 보세요.

- 제목 : 글꼴(휴먼옛체), 글꼴 크기(12pt), 문단 위 간격(5pt), 문단 아래 간격(5pt)
- 내용 : 글꼴(휴먼고딕), 왼쪽 여백(15pt)
- 완성파일 : 국립공원_완성.hwp

KOREA NATIONAL PARK
국립공원

#1 덕유산

덕유산 국립공원의 깃대종인 금강모치가 서식하고 있는 청정한 구천동계곡과 비경을 볼 수 있는 좋은 곳이다. 구천동 탐방지센터에서부터 본격적인 탐방로가 시작되며, 부드러운 마사토 및 폭포를 조망할 수 있도록 전망대 등을 자연 친화적으로 조성하여 아름다운 비경을 감상할 수 있다.

#2 북한산

산정 약수터에서 시작하는 220m의 무장애 탐방로는 휠체어로 통행할 수 있으며, 탐방로 끝 전망대에 서면 선인봉과 도봉 절경이 한눈에 들어온다. 무장애 탐방로를 빠져나오면 무수골로 향하는 제18구간 도봉 옛길 둘레길이 다시 시작된다.

#3 월악산

만수봉 탐방로 초입에 있는 만수 무장애 탐방로는 경사도를 낮추고 노면 장애를 없애 노약자, 장애인, 임산부 등 교통약자가 함께 자연을 즐길 수 있는 계곡 순환형 산책로다.

2

제목 스타일을 다음 조건에 따라 수정해 보세요.

- 제목 : 글꼴색(임의의 색), 장평(120%), 자간 (-5%)
- 완성파일 : 국립공원-1_완성.hwp

KOREA NATIONAL PARK
국립공원

#1 덕유산

덕유산 국립공원의 깃대종인 금강모치가 서식하고 있는 청정한 구천동계곡과 비경을 볼 수 있는 좋은 곳이다. 구천동 탐방지센터에서부터 본격적인 탐방로가 시작되며, 부드러운 마사토 및 폭포를 조망할 수 있도록 전망대 등을 자연 친화적으로 조성하여 아름다운 비경을 감상할 수 있다.

#2 북한산

산정 약수터에서 시작하는 220m의 무장애 탐방로는 휠체어로 통행할 수 있으며, 탐방로 끝 전망대에 서면 선인봉과 도봉 절경이 한눈에 들어온다. 무장애 탐방로를 빠져나오면 무수골로 향하는 제18구간 도봉 옛길 둘레길이 다시 시작된다.

#3 월악산

만수봉 탐방로 초입에 있는 만수 무장애 탐방로는 경사도를 낮추고 노면 장애를 없애 노약자, 장애인, 임산부 등 교통약자가 함께 자연을 즐길 수 있는 계곡 순환형 산책로다.

3

'국립공원.hwp'에 적용한 스타일을 내보내기 하여 '신체활동지침서.hwp' 파일에 적용해 보세요.

- 완성파일 : 신체활동지침서_완성.hwp

신체활동을 수행할 때의 주의 사항

나에게 맞는 신체활동을 하자.

각자의 체력이나 건강 목표에 맞추어 신체활동을 선택합니다.
적절한 수준의 활동 강도와 양을 지킵니다.
지나친 신체활동을 하면 부상과 같은 부작용의 위험이 커집니다.

조금씩 증가시키자.

운동을 처음 시작하거나 운동 경험이 많지 않은 사람은 낮은 운동 강도로 시작하고, 운동 시간은 짧게 매일 합니다.
신체활동량을 늘릴 때에는 여러 주에 걸쳐 조금씩 증가시킵니다.

준비운동과 정리운동을 하자.

준비운동과 정리운동은 운동 전후에 실행하는 운동으로, 낮은 강도로 수행합니다.
준비운동은 점진적으로 심박수를 높이고 혈액순환을 원활하게 합니다. 또한, 관절의 가동 범위를 넓히어 효율적으로 운동할 수 있도록 돕고, 운동할 때 부상을 방지하며, 수행력을 향상시킵니다.

노인들은 낙상에 주의하자.

신체활동은 한 번에 길게 하기보다는 짧게 자주 실시합니다.
낙상 예방을 위해 평형성 운동을 수행합니다.

안전하게 운동하자.

안전한 환경에서 알맞은 운동 장비와 보호 장구를 사용합니다.
운동 파트너와 함께 합니다.
만성질환이 있는 경우에는 전문가와 상담한 후에 실시합니다

1) '자원봉사.hwp' 파일을 불러와 다음 조건에 따라 스타일을 설정해 보세요.
   • 제목 : 글꼴(HY견명조), 글꼴 크기(12pt), 문단 위 간격(10pt)

1365 자원봉사포털

♣ 자원봉사란?
라틴어 voluntas에서 유래
volo(의지)

♣ 자원봉사 활동
개인 또는 단체가 지역사회·국가 및 인류사회를 위하여 대가 없이 자발적으로 시간과 노력을 제공하는 행위

♣ 봉사참여과정
www.1365.go.kr에 접속
지역, 분야 등 자신의 조건에 맞는 자원봉사를 조회
자원봉사 상세정보를 꼼꼼히 확인하여 자원봉사 신청

---

2) 다음 조건에 따라 본문 스타일을 설정해 보세요.
   • 본문 : 한글 글꼴(HY견명조), 영문 글꼴(Arial), 글꼴 크기(11pt), 글머리표(•, 오른쪽 정렬, 20pt)

   힌트
   • [글자 모양] 대화상자의 [기본] 탭에서 언어를 '영문'으로 선택하고 글꼴을 지정하면 한글과 영어를 다른 글꼴로 설정할 수 있습니다.

1365 자원봉사포털

♣ 자원봉사란?
   • 라틴어 voluntas에서 유래
   • volo(의지)

♣ 자원봉사 활동
   • 개인 또는 단체가 지역사회·국가 및 인류사회를 위하여 대가 없이 자발적으로 시간과 노력을 제공하는 행위

♣ 봉사참여과정
   • www.1365.go.kr에 접속
   • 지역, 분야 등 자신의 조건에 맞는 자원봉사를 조회
   • 자원봉사 상세정보를 꼼꼼히 확인하여 자원봉사 신청

---

3) 본문 스타일을 다음 조건에 따라 수정해 보세요.
   • 본문 : 한글 글꼴(굴림, 파랑)
   • 완성파일 : 자원봉사_완성.hwp

1365 자원봉사포털

♣ 자원봉사란?
   • 라틴어 voluntas에서 유래
   • volo(의지)

♣ 자원봉사 활동
   • 개인 또는 단체가 지역사회·국가 및 인류사회를 위하여 대가 없이 자발적으로 시간과 노력을 제공하는 행위

♣ 봉사참여과정
   • www.1365.go.kr에 접속
   • 지역, 분야 등 자신의 조건에 맞는 자원봉사를 조회
   • 자원봉사 상세정보를 꼼꼼히 확인하여 자원봉사 신청

09 찾기와 바꾸기/ 맞춤법 검사하기

편집하고 있는 문서에서 특정 단어나 문장을 찾거나 또는 다른 내용을 바꿀 수 있습니다. 문서를 입력한 후, 맞춤법 검사를 이용하여 띄어쓰기나 틀린 단어를 찾을 수 있습니다. 또한 문맥에 맞지 않거나 어색한 표현도 오류 항목으로 분류하여 수정할 수 있습니다.

P·r·e·v·i·e·w

메타버스(Metaverse)

메타버스(Metaverse) 또는 확장 가상세계는 가상, 초월을 의미하는 '메타'(Meta)와 세계, 우주를 의미하는 '유니버스'(Universe)를 합성한 신조어다. 메타버스는 1992년 닐 스티븐슨(Neal Stephenson)의 소설 《스노우 크래쉬》에서 처음 등장한 개념과 용어이다.

메타버스라는 개념의 뚜렷한 정의는 아직 확립되지 않았다. 일반적으로는 '현실 세계와 같은 사회적·경제적 활동이 통용되는 3차원 가상공간' 정도의 의미로 사용되고 있으나, 학자나 기관마다 나름의 정의를 내리고 있어 넓은 의미로 통용되고 있다.

대한민국의 경우, '대한민국 4차 산업혁명 페스티벌'에서 메타버스를 "가상 자아인 아바타를 통해 경제, 사회, 문화, 정치 활동 등을 이어가는 4차원 가상 시공간"으로 정의하였다. 이외에 메타버스를 "모든 사람이 아바타를 이용하여 사회, 경제, 문화적 활동을 하게 되는 가상의 세계"라고 정의했으며, "생활형 가상세계", "실생활과 같이 사회, 경제적 기회가 주어지는 가상현실 공간"이라 정의했다.

자료추출 : 위키백과사전

▲ 완성파일 : 메타버스_완성.hwp

 학습 내용

– 문서에서 특정 단어를 찾을 수 있습니다.
– 맞춤법 검사를 이용하여 틀린 단어를 수정할 수 있습니다.
– 빠른 교정 내용을 등록하고 실행하는 방법에 내해 알 수 있습니다.

01 'C:\한글2020_소스\Section09'에서 '메타버스.hwp' 파일을 불러옵니다. 문서 내용 중 특정 단어를 찾기 위해 [편집]-[찾기]-[찾기]를 클릭합니다.

PlusTip

찾기 단축키 : Ctrl + F

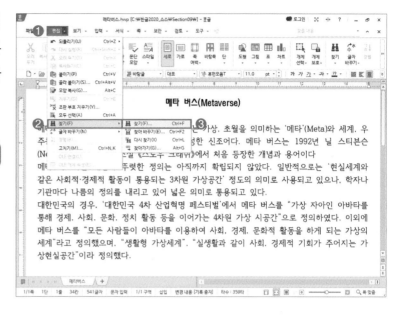

02 [찾기] 대화상자에서 찾을 내용에 "메타 버스"를 입력한 다음, [모두 찾기]를 클릭합니다.

03 다음과 같이 찾는 단어가 형광색으로 표시되며, 몇 번을 찾았다는 대화상자가 나타납니다. 다른 기능을 살펴보기 위해 [취소]를 클릭합니다.

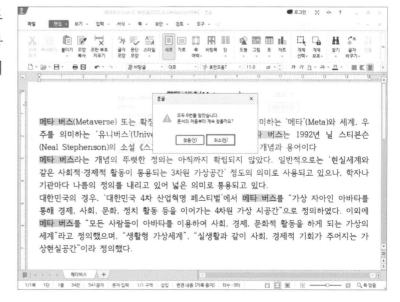

04 [찾기] 대화상자에서 특정 단어를 바꾸려면 [바꾸기]를 클릭합니다.

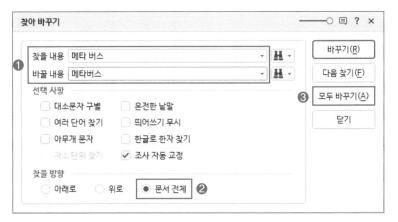

05 [찾아 바꾸기] 대화상자에서 찾을 내용에 "메타 버스", 바꿀 내용에 "메타버스"를 입력하고, 찾을 방향을 "문서 전체"로 선택한 다음, [모두 바꾸기]를 클릭합니다.

06 해당 단어를 모두 바꾸면 바꾸기 횟수를 표시하는 대화상자가 나타납니다. [확인]을 클릭합니다.

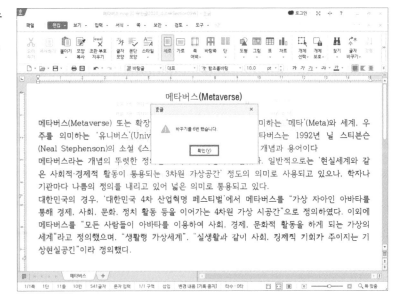

07 [찾아 바꾸기] 대화상자에서 [닫기]를 클릭합니다.

08 다음과 같이 '메타 버스' 단어가 "메타 버스"로 모두 바뀐 것을 확인할 수 있습니다.

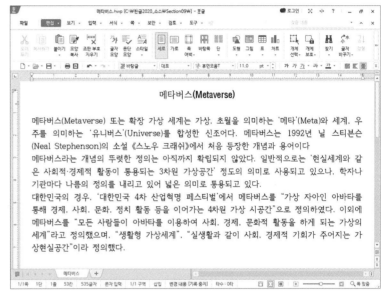

찾아 바꾸기

- **대소문자 구별** : 영문자를 찾을 때 대·소문자까지 완전히 일치하는 것만 찾습니다.
- **온전한 낱말** : 찾을 내용 앞이나 뒤에 조사와 같은 다른 문자('.', ',' 등과 같은 문장 부호 포함)가 붙어 있지 않고, 완전히 독립된 단어만 찾습니다.
- **여러 단어 찾기** : 여러 단어를 쉼표(,)나 세미콜론(;)으로 구분하여 한 번에 찾습니다.
- **띄어쓰기 무시** : [찾을 내용]에 입력된 모든 문자를 붙여 쓴 것도 함께 찾습니다.
- **아무개 문자** : 찾고자 하는 문자열의 일부분이 정확하지 않을 때에는 '?' 또는 '*'을 대신 써서 찾습니다. '?'는 한 글자, '*'는 여러 글자를 나타냅니다.
- **한글로 한자 찾기** : [찾을 내용]에 입력된 단어를 한글뿐 아니라 한자까지 함께 찾아 줍니다.
- **자소 단위 찾기** : [찾을 내용] 입력 상자에 입력한 자소 단위까지 찾아 줍니다.
- **조사 자동 교정** : 우리말에 대한 찾아 바꾸기를 할 때, 찾은 낱말에 조사가 붙어 있으면, 바뀌는 말에 따라 알맞은 조사로 맞추어 바꿉니다.

Power Upgrade

01 입력한 문서의 맞춤법을 검사하기 위해 [도구]-[맞춤법]을 클릭합니다.

Plus Tip

맞춤법 검사 단축키 : F8

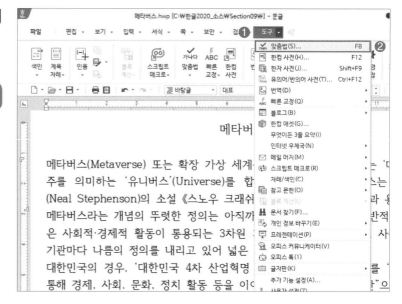

02 [맞춤법 검사/교정] 대화상자에서 [시작]을 클릭합니다.

03 띄어쓰기가 잘못된 내용을 검사하면 입력 내용과 대치어를 확인한 후, 바꾸고 싶으면 [바꾸기]를 클릭합니다.

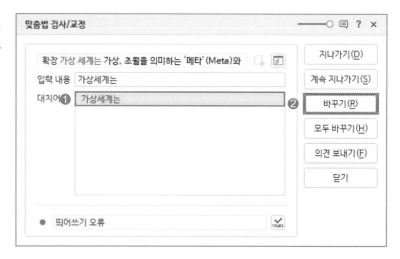

04 맞춤법 오류가 나타나면 [바꾸기]를 클릭합니다.

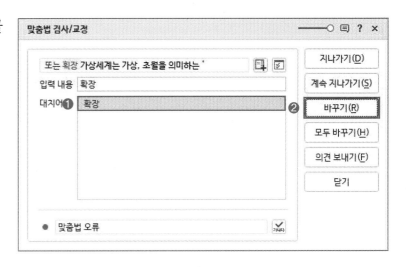

05 만약 맞춤법 검사/교정에서 표시한 대치어가 맞지 않아 바꾸고 싶지 않으면 [지나가기]를 클릭합니다.

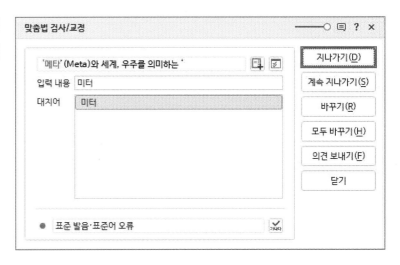

06 맞춤법 검사가 끝나면 [맞춤법 검사기] 대화상자에서 [취소]를 클릭합니다.

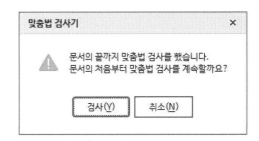

01 특정 단어에 대해 키보드 입력 시 자동으로 수정되도록 할 수 있습니다.

예를 들어 '자료 추출'이라고 입력하면 자동으로 '자료추출'로 변경되도록 만들기로 합니다. 빠른 교정 내용을 추가하기 위해 [도구]-[빠른 교정]-[빠른 교정 내용]을 클릭합니다.

PLUS TIP

빠른 교정 내용 단축키 : Shift + F8

02 [빠른 교정 내용] 대화상자의 [빠른 교정 사용자 사전] 탭에서 ➕ (빠른 교정 추가하기)를 클릭합니다.

03 [빠른 교정 추가하기] 대화상자에서 틀린 말에 "자료 추출", 맞는 말에 "자료추출"을 입력하고 [추가]를 클릭합니다.

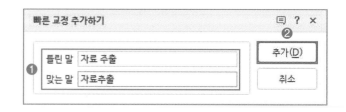

04 다음과 같이 빠른 교정 사용자 등록 낱말에 등록되면 [닫기]를 클릭합니다.

05 문서 마지막 줄에 "자료 추출 : 위키백과사전"을 입력하면 "자료추출 : 위키백과사전"로 자동적으로 교정되는 것을 확인할 수 있습니다.

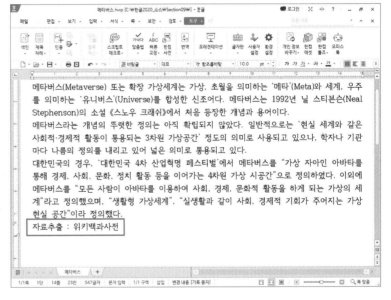

겹낫표 빠르게 입력하기

Power Upgrade

[도구]-[글자판]-[글자판 바꾸기]를 클릭하여 [입력기 환경 설정] 대화상자의 [기타] 탭에서 '겹낫표 입력'에 체크 표시를 하면 겹낫표(「, 」)를 빠르게 입력할 수 있습니다. 이후부터는 키보드에서 입력 시 한글 모드에서 [와]를 누르면 겹낫표로 대체되어 표시됩니다.

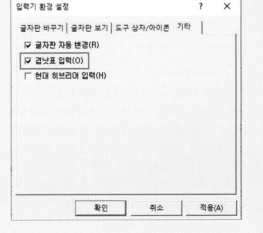

기초문제

1

'전기박물관.hwp' 파일을 불러와 "한국 전력" 단어가 몇 개인지 찾아보세요.

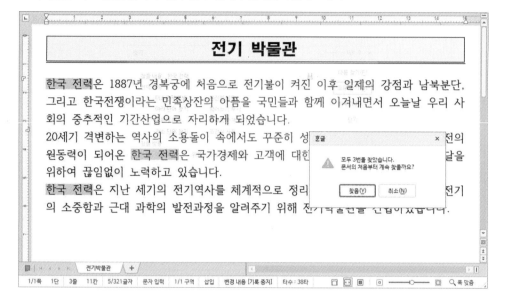

2

"한국 전력"을 "한국전력"으로 모두 바꾸기 해보세요.

전기 박물관

한국전력은 1887년 경복궁에 처음으로 전기불이 켜진 이후 일제의 강점과 남북분단, 그리고 한국전쟁이라는 민족상잔의 아픔을 국민들과 함께 이겨내면서 오늘날 우리 사회의 중추적인 기간산업으로 자리하게 되었습니다.

20세기 격변하는 역사의 소용돌이 속에서도 꾸준히 성장을 거듭하여 국가경제 발전의 원동력이 되어온 한국전력은 국가경제와 고객에 대한 무한 책임과 전력문화 창달을 위하여 끊임없이 노력하고 있습니다.

한국전력은 지난 세기의 전기역사를 체계적으로 정리하여 보존하고 사람들에게 전기의 소중함과 근대 과학의 발전과정을 알려주기 위해 전기박물관을 건립하였습니다.

3

맞춤법 검사를 이용하여 틀린 단어를 찾아 교정해 보세요.

전기 박물관

한국전력은 1887년 경복궁에 처음으로 전기불이 켜진 이후 일제의 강점과 남북분단, 그리고 한국전쟁이라는 민족상잔의 아픔을 국민과 함께 이겨내면서 오늘날 우리 사회의 중추적인 기간산업으로 자리하게 되었습니다.

20세기 격변하는 역사의 소용돌이 속에서도 꾸준히 성장을 거듭하여 국가 경제 발전의 원동력이 되어온 한국전력은 국가 경제와 고객에 대한 무한 책임과 전력문화 창달을 위하여 끊임없이 노력하고 있습니다.

한국전력은 지난 세기의 전기역사를 체계적으로 정리하여 보존하고 사람들에게 전기의 소중함과 근대 과학의 발전과정을 알려주기 위해 전기박물관을 건립하였습니다.

• 완성파일 : 전기박물관_완성.hwp

1) "수문장.hwp" 파일을 불러와 띄어쓰기와 잘못 입력한 내용을 수정해 보세요.

수문장 교대의식

　　2002년부터 이어져 오고 있는 경복궁 수문장 교대 의식은 조선 시대 왕실 호위문화를 상징하는 대표적인 전통문화 행사입니다. '조선왕조실록' 예종(睿宗) 1년(1469) 수문장제도의 시행 기록을 역사적 근거로 하여 재구성된 이 행사는 당시의 복식 및 무기 등을 복원하여 조선 전기(前期) 군인들의 모습을 생생하게 재현하는 것에 초점을 맞추고 있습니다.

　　수문장이 기록상 최초로 등장하는 것은 세조(世祖) 7년(1462)이지만, 이때의 수문장은 임시직에 불과했기 때문에 정식으로 수문장이 임명된 예종 1년이 조선 시대 수문장제도의 출발이라고 할 수 있습니다. 본래 중앙군의 5위(衛) 개편과 오위도총부(五衛都摠府) 설치 이후로 궁궐의 호위와 궁성문 파수(把守) 임무를 호군(護軍)이 모두 맡고 있었으나 예종 즉위 초 궁궐 호위의 중요성이 강조되면서 수문장제도가 설치되어 궁궐 호위 방식의 세분화가 이루어지게 되었습니다. 특히 궁궐과 도성의 입구를 지키는 수문장의 임무는 왕실의 안전과 가장 밀접했기 때문에, 매우 중요한 임무로 인식되었고 따라서 초기의 수문장들은 서반(西班) 4품 이상의 무관(武官) 중에서 병조(兵曹)의 추천을 받고 다시 국왕이 낙점(落點)하는 순서를 거쳐야지만 궁궐 입직을 서는 수문장으로 임명될 수 있었습니다.

2) '수문장'을 '수문장(守門將)'으로 모두 바꿔보세요.

수문장(守門將) 교대의식

　　2002년부터 이어져 오고 있는 경복궁 수문장(守門將) 교대 의식은 조선 시대 왕실 호위문화를 상징하는 대표적인 전통문화 행사입니다. '조선왕조실록' 예종(睿宗) 1년(1469) 수문장(守門將)제도의 시행 기록을 역사적 근거로 하여 재구성된 이 행사는 당시의 복식 및 무기 등을 복원하여 조선 전기(前期) 군인들의 모습을 생생하게 재현하는 것에 초점을 맞추고 있습니다.

　　수문장(守門將)이 기록상 최초로 등장하는 것은 세조(世祖) 7년(1462)이지만, 이때의 수문장(守門將)은 임시직에 불과했기 때문에 정식으로 수문장(守門將)이 임명된 예종 1년이 조선 시대 수문장(守門將)제도의 출발이라고 할 수 있습니다. 본래 중앙군의 5위(衛) 개편과 오위도총부(五衛都摠府) 설치 이후로 궁궐의 호위와 궁성문 파수(把守) 임무를 호군(護軍)이 모두 맡고 있었으나 예종 즉위 초 궁궐 호위의 중요성이 강조되면서 수문장(守門將)제도가 설치되어 궁궐 호위 방식의 세분화가 이루어지게 되었습니다. 특히 궁궐과 도성의 입구를 지키는 수문장(守門將)의 임무는 왕실의 안전과 가장 밀접했기 때문에, 매우 중요한 임무로 인식되었고 따라서 초기의 수문장(守門將)들은 서반(西班) 4품 이상의 무관(武官) 중에서 병조(兵曹)의 추천을 받고 다시 국왕이 낙점(落點)하는 순서를 거쳐야지만 궁궐 입직을 서는 수문장(守門將)으로 임명될 수 있었습니다.

3) 문서에서 '수문장(守門將)' 단어를 찾아보세요.

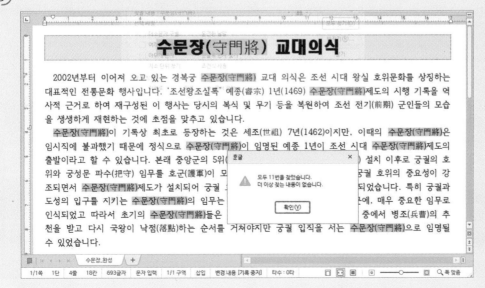

• 완성파일 : 수문장_완성.hwp

표를 이용하여 복잡한 내용이나 수치 자료를 일목요연하게 정리할 수 있으며, 표의 채우기 색이나 테두리 등을 설정할 수 있습니다.

Preview

일반 건강검진

일반성인의 건강 상태를 확인하기 위한 의사 진찰 및 상담, 의학적 검진을 제공하여 일상생활의 건강위험요인과 질병을 조기 발견하고 치료를 받을 수 있도록 함으로써 인간다운 생활을 영위하고, 건강한 삶을 유지하는데 기여하고자 합니다.

◈ 검사항목

번호	구분	검진항목	실시시기	비고
1	흉부방사선검사	폐결핵질환, 순환기계질환 등		
2	이상지질혈증검사	HDL 콜레스테롤	- 남성 : 만 24세 이상 4년마다 - 여성 : 만 40세 이상 4년마다	
3		LDL 콜레스테롤		
4		총콜레스테롤		
5	B형간염검사	표면항원 / 표면항체	만 40세	
6	생활습관평가	흡연, 음주, 운동, 영양 평가	만 40세부터 10년마다	
7	구강검진	치면세균막검사	만 40세	
8	골밀도 검사	양방사선(전신)골밀도검사	만 54, 66세 여성	

▲ 완성파일 : 건강검진_완성.hwp

학습 내용

- 표를 삽입하는 방법에 대해 알 수 있습니다.
- 표에 줄을 추가하거나 여러 셀을 하나로 합칠 수 있습니다.
- 셀 테두리와 음영색을 설정할 수 있습니다.

따라하기 01 표 삽입하기

01 'C:\한글2020_소스\Section10'에서 '건강검진.hwp' 파일을 불러옵니다. 표를 삽입하기 위해 [입력]-[표]-[표 만들기]를 클릭합니다.

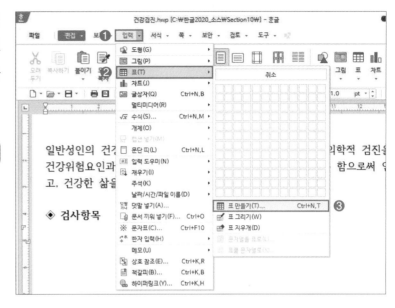

02 [표 만들기] 대화상자에서 줄수는 "8", 칸수는 "5"를 입력하고, '글자처럼 취급'을 선택한 다음, [만들기]를 클릭합니다.

03 삽입한 표에 다음과 같이 내용을 입력합니다.

번호	구분	검진항목	실시시기	비고
	흉부방사선검사	폐결핵질환, 순환기계질환 등		
	이상지질혈증검사	총콜레스테롤	- 남성 : 만 24세 이상 4년마다 - 여성 : 만 40세 이상 4년마다	
		HDL 콜레스테롤		
		LDL 콜레스테롤		
	B형간염검사	B형간염 표면항원/표면항체	만 40세	
	골밀도 검사	양방사선(전신) 골밀도검사	만 54, 66세 여성	

04 셀 크기를 조절하기 위해 커서를 '번호' 란에 위치시킨 다음, F5 를 눌러 셀 블록을 설정합니다. Ctrl + ← 를 눌러 번호 셀의 너비와 Ctrl + ↓ 를 눌러 셀 높이를 조절합니다.

PlusTip

셀 블록 단축키 : F5

05 '검진항목' 셀을 클릭하여 셀 블록을 이동시킨 다음, Ctrl + → 를 눌러 검진 항목 셀의 너비를 조절합니다.

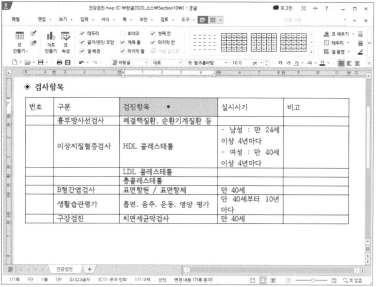

06 같은 방법으로 다음과 같이 셀의 크기를 조절합니다.

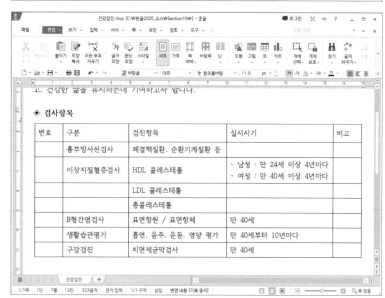

Power Upgrade

셀 블록

표 안에서 셀의 글자 모양과 문단 모양을 바꾸거나 테두리/배경의 모양을 바꾸고 싶을 때, 셀을 하나로 합치거나 여러 개로 나누고 싶을 때, 크기를 조절하거나 여백을 조절하고 싶을 때에는 원하는 셀을 블록으로 설정해야 합니다.

■ 하나의 셀 선택하기

셀 블록을 설정할 셀에 커서를 위치시키고 F5 를 누르거나 Ctrl 을 누른 상태에서 원하는 셀을 클릭합니다.

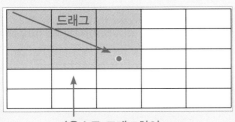

■ 연속 셀 블록 설정하기

셀 블록을 시작할 셀부터 드래그하여 셀 블록을 설정할 수 있습니다.

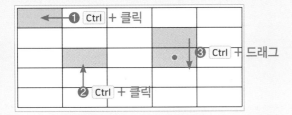

마우스로 드래그하여
블록 설정합니다.

셀 블록을 시작할 셀에 커서를 위치시키고, 마지막 셀에서 Shift 를 누른 상태로 클릭해도 됩니다.

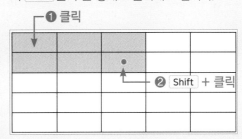

■ 불연속적인 셀 블록 설정하기

Ctrl 을 누른 상태로 셀 블록을 설정할 셀을 클릭하거나 드래그합니다.

01 여러 셀을 하나로 합치려면 다음과 같이 셀 블록을 설정한 다음, ▦ (표 레이아웃)-[셀 합치기]를 클릭합니다.

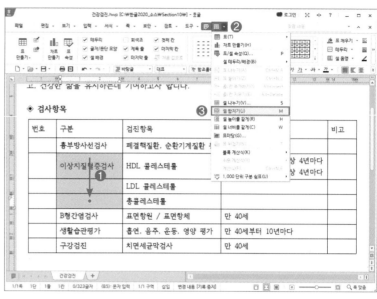

02 같은 방법으로 다음과 같이 오른쪽 셀도 합칩니다.

03 줄을 추가하기 위해 마지막 줄에 커서를 위치시킨 다음, ▦ (표 레이아웃)-[줄/칸 추가하기]를 클릭합니다.

04 [줄/칸 추가하기] 대화상자에서 ▦(아래쪽에 줄 추가)를 선택하고 줄/칸 수는 "1"을 입력한 후 [추가]를 클릭합니다.

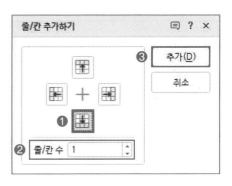

05 표에 줄이 추가되면 필요한 내용을 입력합니다. 이어서 '번호' 칸에 일련 번호를 "1"과 "2"를 입력한 다음, 셀 블록을 설정하고 마우스 오른쪽 단추를 클릭하여 [표 채우기]-[자동 채우기]를 클릭합니다.

Plus Tip

표 자동 채우기 단축키 : A

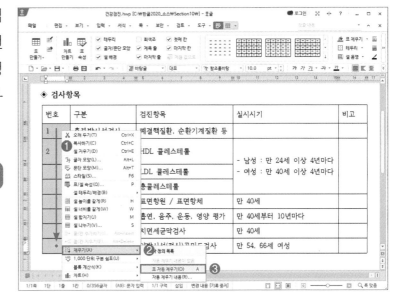

06 다음과 같이 일련 번호가 삽입된 것을 확인합니다. **Ctrl** 을 누른 상태로 첫 번째 열과 첫 번째 줄을 드래그하여 블록 설정한 다음, 서식 도구 상자에서 ▤(가운데 정렬)을 클릭합니다.

셀 나누기

현재 커서가 있는 셀 또는 셀 블록으로 설정된 셀들을 여러 개의 셀로 나눕니다.

❶ 셀 나누기할 셀을 선택한 다음, 마우스 오른쪽 단추를 클릭하여 [셀 나누기]를 선택합니다.

❷ [셀 나누기] 대화상자에서 줄 또는 칸의 개수를 지정하고 [나누기]를 클릭합니다.

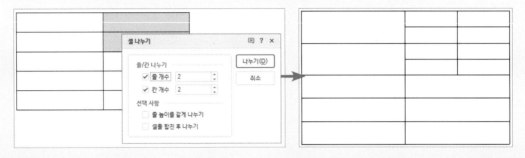

줄/칸 지우기

삽입한 표에서 필요 없는 부분의 줄이나 칸을 지울 수 있습니다.

❶ 삭제할 셀을 선택한 다음, 마우스 오른쪽 단추를 클릭하여 [줄/칸 지우기]를 선택합니다.

❷ [줄/칸 지우기] 대화상자에서 줄 또는 칸을 선택한 다음, [지우기]를 클릭합니다.

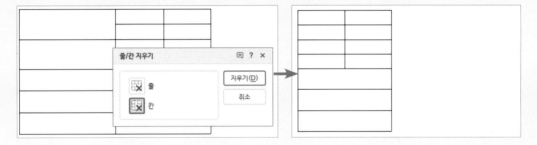

표 자동 채우기

표의 일부 셀에서 규칙을 찾아 사용자가 지정한 셀 전체를 규칙에 따라 자동으로 채웁니다.

월	화					●

월	화	수	목	금	토	일

01 셀 테두리 서식을 설정하기 위해 셀 전체를 블록 설정한 다음, ▦(표 레이아웃)-[셀 테두리/배경]-[각 셀마다 적용]을 클릭합니다.

PLUS TIP

마우스 오른쪽 단추를 클릭하여 [셀 테두리/배경] - [각 셀마다 적용]을 클릭해도 됩니다.

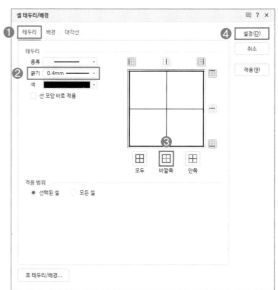

02 [셀 테두리/배경] 대화상자의 [테두리] 탭에서 테두리 굵기를 '0.4mm'로 지정하고 ▦(바깥쪽)을 선택한 다음, [설정]을 클릭합니다.

03 첫 번째 줄 전체를 셀 블록 설정한 다음, ▦(표 레이아웃)-[셀 테두리/배경]-[각 셀마다 적용]을 클릭합니다.

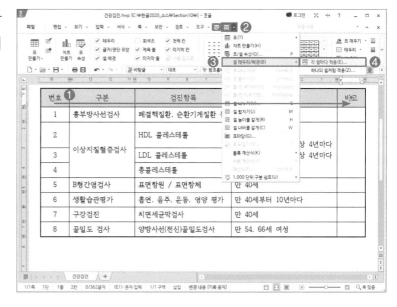

04 [셀 테두리/배경] 대화상자의 [테두리] 탭에서 테두리 종류를 '이중 실선'으로 선택하고 ▦ (아래쪽)을 클릭합니다.

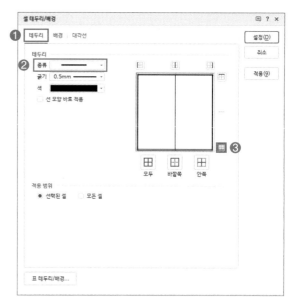

05 셀 배경색을 설정하기 위해 [배경] 탭을 선택한 다음, '색'을 선택합니다. 면 색의 펼침 단추를 클릭하여 원하는 색을 선택한 후 [설정]을 클릭합니다.

06 이번에는 대각선을 설정할 셀을 클릭하여 셀 블록을 이동시킨 다음, 마우스 오른쪽 단추를 클릭하여 [셀 테두리/배경]–[각 셀마다 적용]을 클릭합니다.

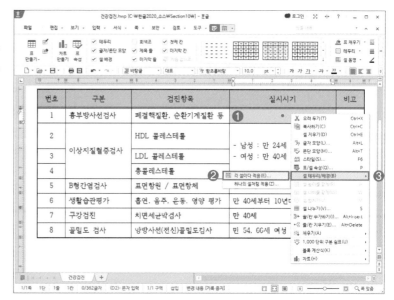

07 [셀 테두리/배경] 대화상자의 [대각선] 탭에서 ⬚, ⬚ 를 선택한 다음, [설정]을 클릭합니다.

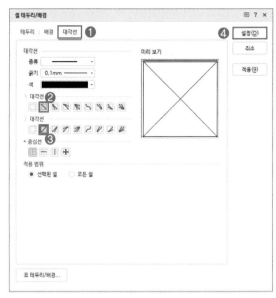

08 다음과 같이 대각선이 적용된 것을 확인할 수 있습니다.

◈ 검사항목

번호	구분	검진항목	실시시기	비고
1	흉부방사선검사	폐결핵질환, 순환기계질환 등		
2	이상지질혈증검사	HDL 콜레스테롤	- 남성 : 만 24세 이상 4년마다	
3		LDL 콜레스테롤	- 여성 : 만 40세 이상 4년마다	
4		총콜레스테롤		
5	B형간염검사	표면항원 / 표면항체	만 40세	
6	생활습관평가	흡연, 음주, 운동, 영양 평가	만 40세부터 10년마다	
7	구강검진	치면세균막검사	만 40세	
8	골밀도 검사	양방사선(전신)골밀도검사	만 54, 66세 여성	

Power Upgrade

[셀 테두리/배경] 대화상자의 [배경] 탭에서 채우기 유형을 '그러데이션'으로 선택하고 시작 색, 끝 색, 유형을 지정하면 두 가지 색으로 셀의 배경이 채워집니다.

품목	오이	계란	당근
개수	5	10	3
가격	200	500	100
합계			

1

다음과 같이 표를 작성한 후 '안내서.hwp'로 저장해 보세요.

탄소중립 생활 실천 안내서
에너지

단계	실천 수칙	감축원단위 (연간)	10% 참여 효과 (연간)
1	난방온도 2℃낮추고 냉방온도 2℃ 높이기	166.8kg/가구	348,462t
2	전기밥솥 보온기능 사용 줄이기	141.9kg/가구	296,443t
3	냉장고 적정용량 유지하기	40.0kg/대	137,337t
4	비데 절전기능 사용하기	25.4kg/대	9,293t
5	물은 받아서 사용하기	19.5kg/가구	40,797t
6	세탁기 사용횟수 줄이기	4.9kg/대	37,976t

2

맨 마지막에 줄을 추가하여 다음과 같이 표를 수정해 보세요.

탄소중립 생활 실천 안내서
에너지

단계	실천 수칙	감축원단위 (연간)	10% 참여 효과 (연간)
1	난방온도 2℃낮추고 냉방온도 2℃ 높이기	166.8kg/가구	348,462t
2	전기밥솥 보온기능 사용 줄이기	141.9kg/가구	296,443t
3	냉장고 적정용량 유지하기	40.0kg/대	137,337t
4	비데 절전기능 사용하기	25.4kg/대	9,293t
5	물은 받아서 사용하기	19.5kg/가구	40,797t
6	세탁기 사용횟수 줄이기	4.9kg/대	37,976t
7	창틀과 문틈 바람막이 설치하기	138.3kg/가구	288,923t

3

다음과 같이 표의 테두리와 셀 배경색을 설정해 보세요.

탄소중립 생활 실천 안내서
에너지

단계	실천 수칙	감축원단위 (연간)	10% 참여 효과 (연간)
1	난방온도 2℃낮추고 냉방온도 2℃ 높이기	166.8kg/가구	348,462t
2	전기밥솥 보온기능 사용 줄이기	141.9kg/가구	296,443t
3	냉장고 적정용량 유지하기	40.0kg/대	137,337t
4	비네 절전기능 사용하기	25.4kg/대	9,293t
5	물은 받아서 사용하기	19.5kg/가구	40,797t
6	세탁기 사용횟수 줄이기	4.9kg/대	37,976t
7	창틀과 문틈 바람막이 설치하기	138.3kg/가구	288,923t

• 완성파일 : 안내서_완성.hwp

1) 다음과 같이 편집 용지를 설정하고 표를 작성하고 '난방법.hwp'로 저장해 보세요.

- 용지방향(가로), 위쪽(20), 머리말(0), 꼬리말(0), 아래쪽(15), 왼쪽(20), 오른쪽(20)

보일러 절약모드 사용	• 절약 상태는 보일러 모델에 따라 다양하지만 보통 운영 시간설정이 가능하다. • 절약 모두는 설정한 온도로 10~20분 동안 보일러를 가동하고 설정한 시간만큼 보일러를 가동하지 않는 운영방식이다.
보일러 외출 기능 사용	• 잠시 외출할 때는 보일러를 끄지 않고 외출 상태로 설정하는 것이 좋다. • 보일러 전원을 껐다 다시 가동하면 내려갔던 온도를 다시 끌어올릴 때 연료가 더 많이 소모되며, 재가동 초기에 연료가 많이 소비 될 수 있다.
난방분배기 사용	• 난방분배기는 난방순환수를 공급하기 전에 구역별로 난방 물순환을 제어할 수가 있는 설비이다. • 집이 넓고 방이 얼어 개의 면 사용하지 않는 방 은분 배기를 잠가두는 것이 효율적이지만, 난방하지 않는 방의 밸브 안 차단해서는 절약효과가 떨어지므로 주차 단 밸브 또는 나머지 밸브를 조절해 전체 통과 유량을 줄여야 한다.
실내 가습기 사용	• 가습기로 실내 습도를 높이면 공기 순환이 빨라져 보일러를 켰을 때 온도가 빨리 올라간다. • 물(습기)는 비열이 공기보다 상대적으로 높아 보일러로 데워진 열기를 오래간직해서 난방이 오래가는 효과도 있다.

2) 줄을 추가하여 다음과 같이 표를 수정하세요.　• 글꼴(휴먼엑스포), 글꼴 크기(15pt)

참고	효율적인 난방 방법
보일러 절약모드 사용	• 절약 상태는 보일러 모델에 따라 다양하지만 보통 운영 시간설정이 가능하다. • 절약 모두는 설정한 온도로 10~20분 동안 보일러를 가동하고 설정한 시간만큼 보일러를 가동하지 않는 운영방식이다.
보일러 외출 기능 사용	• 잠시 외출할 때는 보일러를 끄지 않고 외출 상태로 설정하는 것이 좋다. • 보일러 전원을 껐다 다시 가동하면 내려갔던 온도를 다시 끌어올릴 때 연료가 더 많이 소모되며, 재가동 초기에 연료가 많이 소비 될 수 있다.
난방분배기 사용	• 난방분배기는 난방순환수를 공급하기 전에 구역별로 난방 물순환을 제어할 수가 있는 설비이다. • 집이 넓고 방이 얼어 개의 면 사용하지 않는 방 은분 배기를 잠가두는 것이 효율적이지만, 난방하지 않는 방의 밸브 안 차단해서는 절약효과가 떨어지므로 주차 단 밸브 또는 나머지 밸브를 조절해 전체 통과 유량을 줄여야 한다.
실내 가습기 사용	• 가습기로 실내 습도를 높이면 공기 순환이 빨라져 보일러를 켰을 때 온도가 빨리 올라간다. • 물(습기)는 비열이 공기보다 상대적으로 높아 보일러로 데워진 열기를 오래간직해서 난방이 오래가는 효과도 있다.

3) 추가한 셀의 테두리와 배경색을 다음과 같이 설정해 보세요.　• 완성파일 : 난방법_완성.hwp

참고	효율적인 난방 방법
보일러 절약모드 사용	• 절약 상태는 보일러 모델에 따라 다양하지만 보통 운영 시간설정이 가능하다. • 절약 모두는 설정한 온도로 10~20분 동안 보일러를 가동하고 설정한 시간만큼 보일러를 가동하지 않는 운영방식이다.
보일러 외출 기능 사용	• 잠시 외출할 때는 보일러를 끄지 않고 외출 상태로 설정하는 것이 좋다. • 보일러 전원을 껐다 다시 가동하면 내려갔던 온도를 다시 끌어올릴 때 연료가 더 많이 소모되며, 재가동 초기에 연료가 많이 소비 될 수 있다.
난방분배기 사용	• 난방분배기는 난방순환수를 공급하기 전에 구역별로 난방 물순환을 제어할 수가 있는 설비이다. • 집이 넓고 방이 얼어 개의 면 사용하지 않는 방 은분 배기를 잠가두는 것이 효율적이지만, 난방하지 않는 방의 밸브 안 차단해서는 절약효과가 떨어지므로 주차 단 밸브 또는 나머지 밸브를 조절해 전체 통과 유량을 줄여야 한다.
실내 가습기 사용	• 가습기로 실내 습도를 높이면 공기 순환이 빨라져 보일러를 켰을 때 온도가 빨리 올라간다. • 물(습기)는 비열이 공기보다 상대적으로 높아 보일러로 데워진 열기를 오래간직해서 난방이 오래가는 효과도 있다.

블록 계산 기능을 이용하면 블록으로 설정된 곳에 들어 있는 숫자들의 합과 평균을 정확하게 계산할 수 있으며, 자료의 변화를 한눈에 알아보기 쉽게 차트로 만들 수 있습니다.

Preview

에너지 유형별 온실가스 배출량

(단위 : 톤)

구분	2019년	2020년	2021년	2022년	2023년
전기	3,100	3,700	3,200	3,600	3,900
지역난방	2,500	2,300	2,000	2,000	2,500
운송	1,800	2,100	2,500	1,900	2,600
합계	7,400	8,100	7,700	7,500	9,000

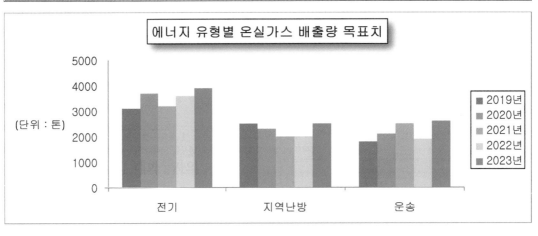

에너지 유형별 온실가스 배출량 목표치

▲ 완성파일 : 온실가스_완성.hwp

학습 내용

- 표에 입력한 숫자들의 합계나 평균을 구할 수 있습니다.
- 표에 캡션을 삽입할 수 있습니다.
- 숫자 데이터를 시각적으로 빠르게 확인할 수 있도록 차트를 삽입할 수 있습니다.

01 편집 용지를 설정하기 위해 F7 을 눌러 [편집 용지] 대화상자에서 용지 여백을 위쪽(20), 아래쪽 (15), 머리말(0), 꼬리말(0), 왼쪽(20), 오른쪽(20)을 지정하고 [설정]을 클릭합니다.

02 다음과 같이 표 삽입하여 내용을 입력한 후 글꼴은 'HY견명조', 글자 크기는 '11pt'로 설정하고, 문자는 가운데 정렬, 숫자는 오른쪽 정렬로 설정합니다.

에너지 유형별 온실가스 배출량

구분	2019년	2020년	2021년	2022년	2023년
전기	3100	3700	3200	3600	3900
지역난방	2500	2300	2000	2000	2500
운송	1800	2100	2500	1900	2600
합계					

03 숫자가 입력된 셀을 블록 설정한 다음 ▦ (표 레이아웃)-[1,000 단위 구분 쉼표]-[자리점 넣기]를 클릭합니다.

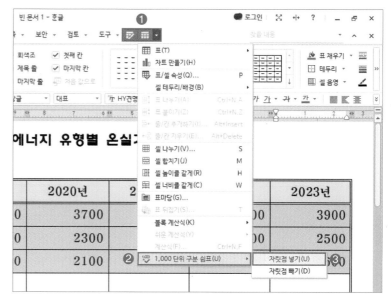

04 합계를 계산하기 위해 다음과 같이 블록을 설정한 다음, ▦(표 레이아웃)-[블록 계산식]-[블록 합계]를 클릭합니다.

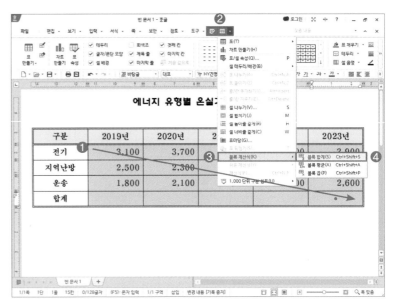

05 합계가 계산이 되면 Esc 를 눌러 블록을 해제합니다. 표에 대한 설명을 삽입하기 위해 커서를 표 안에 위치시킨 다음, [입력]-[캡션 넣기]-[위]를 클릭합니다.

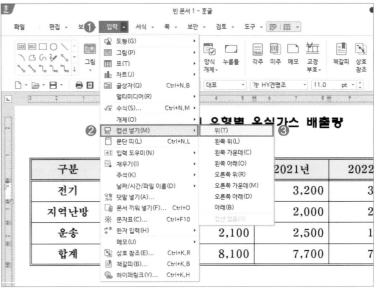

06 '표 1'을 삭제한 다음, "(단위 : 톤)"을 입력한 후 서식 도구 상자에서 글꼴은 'HY견명조', 글자 크기는 '11pt', 정렬은 ▤(오른쪽 정렬)을 클릭합니다.

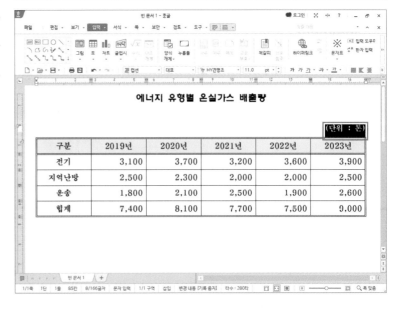

01 삽입한 표에서 차트로 작성할 내용을 블록 설정한 다음, [입력]-[차트]-▮▮(묶은 세로 막대형)을 선택합니다.

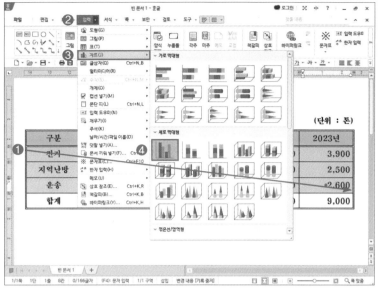

02 [차트 데이터 편집] 대화상자가 나타나면 ×(닫기)를 클릭하여 창을 닫습니다.

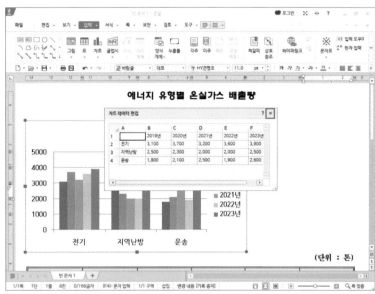

03 다음과 같이 묶은 세로 막대형 차트가 표 위에 삽입됩니다. 차트의 위치를 변경하기 위해 차트 영역에서 마우스 오른쪽 단추를 클릭하여 [배치]-[글자처럼 취급]을 선택합니다.

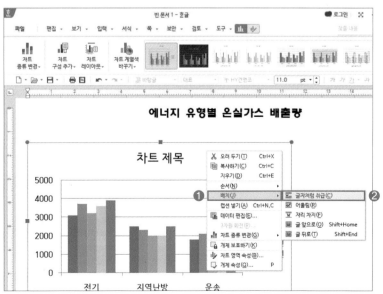

04 차트가 표 아래로 이동하면 크기 조절 핸들을 이용하여 크기를 조절합니다.

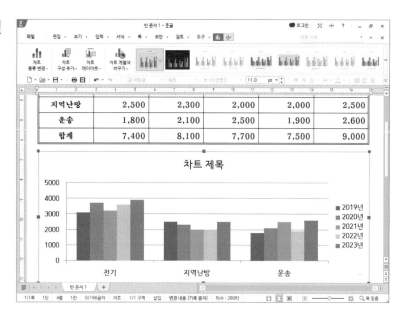

차트 구성 요소

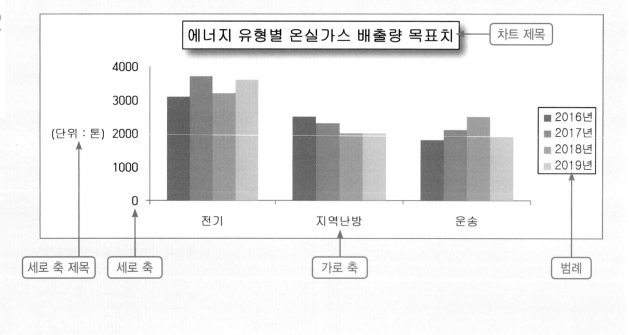

01 차트 제목 내용을 변경하기 위해 차트 제목 영역을 선택한 다음, 마우스 오른쪽 단추를 클릭하여 [제목 편집]을 클릭합니다.

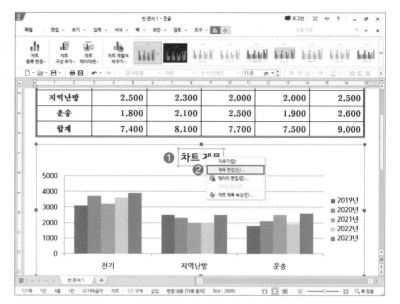

02 [차트 글자 모양] 대화상자에서 차트 제목을 입력하고, 한글 글꼴은 '굴림', 속성은 [가](진하게), 크기는 '12pt'로 설정한 후 [설정]을 클릭합니다.

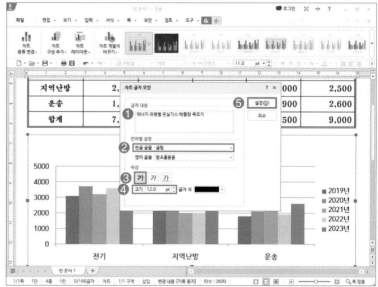

03 차트 제목의 면색을 설정하기 위해 (차트 서식)– (도형 채우기)를 클릭하여 '하양'을 선택합니다.

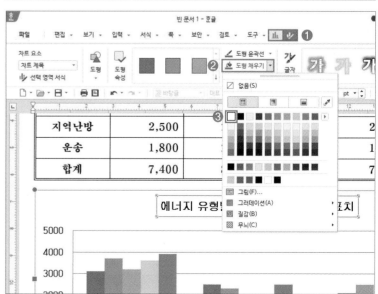

04 차트 제목의 테두리 색을 설정하기 위해 🖌(차트 서식)– ✎ (도형 윤곽선)을 클릭하여 '검정'을 선택합니다.

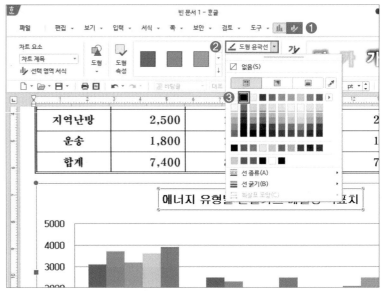

05 차트 제목에 그림자를 설정하기 위해 ◻(도형 효과)를 클릭하여 '대각선 오른쪽 아래'를 선택합니다.

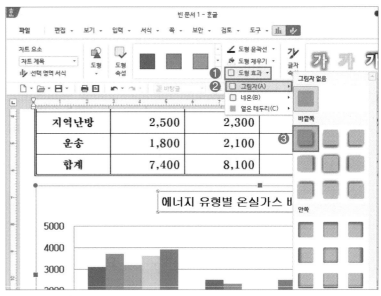

06 세로 축 제목을 삽입하기 위해 📊(차트 디자인)– 📑(차트 구성 추가)–[축 제목]–[기본 세로]를 클릭합니다.

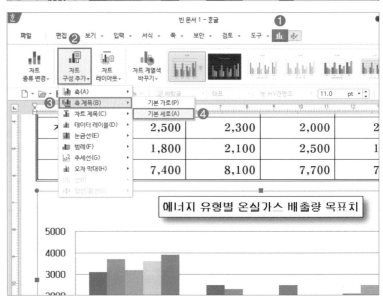

07 삽입된 세로 축 제목을 선택한 다음, 마우스 오른쪽 단추를 클릭하여 [제목 편집]을 클릭합니다.

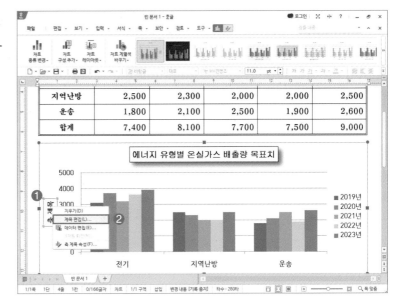

08 [차트 글자 모양] 대화상자의 글자 내용에 "(단위 : 톤)"을 입력하고, 한글 글꼴을 '굴림'으로 지정하고, 속성의 크기를 '10pt'로 지정한 후 [설정]을 클릭합니다.

09 세로 축 제목의 방향을 변경하기 위해 ⬛(차트 서식)- ⬛ (선택 영역 서식)을 클릭합니다.

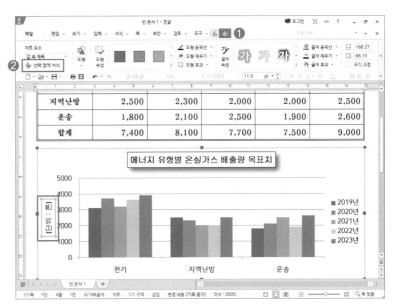

10 [개체 속성] 작업 창에서 ▢(크기 및 속성)을 클릭한 다음, [글상자]를 선택합니다. 이어서 글자 방향의 펼침 단추(▼)를 클릭하여 '가로'를 클릭합니다.

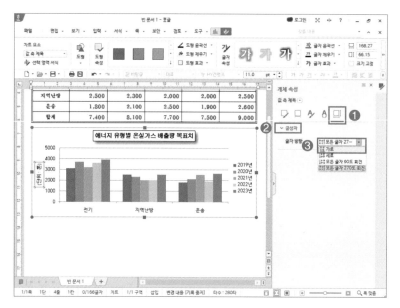

11 세로 축의 경계 값에서 마우스 오른쪽 단추를 클릭하여 [글자 모양 편집]을 클릭합니다.

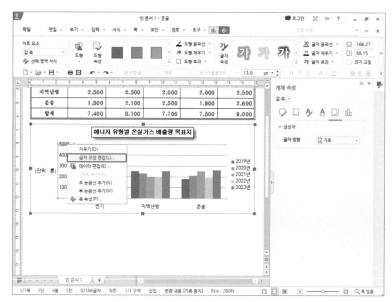

12 [차트 글자 모양] 대화상자에서 영어 글꼴의 목록 단추를 클릭하여 '굴림'을 선택한 다음, [설정]을 클릭합니다.

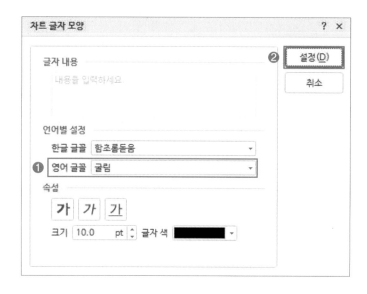

13 세로 축의 경계 값을 설정하기 위해 세로 축을 선택한 다음, [개체 속성] 작업 창의 ⬛ (축 속성)에서 최솟값은 "0", 최댓값은 "5000", 주 값은 "1000"으로 설정합니다.

Plus**T**ip

축 속성에서 최솟값, 최댓값, 주 단위를 설정하지 않으면 차트 크기에 따라 세로 축의 경계 값이 바뀝니다.

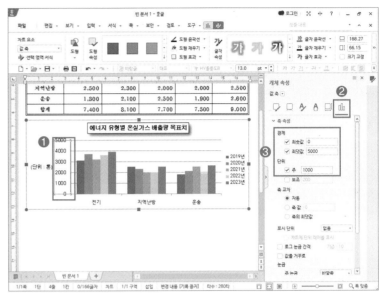

14 가로 축의 글꼴을 설정하기 위해 가로 축 영역을 클릭한 다음, 마우스 오른쪽 단추를 클릭하여 [글자 모양 편집]을 클릭합니다.

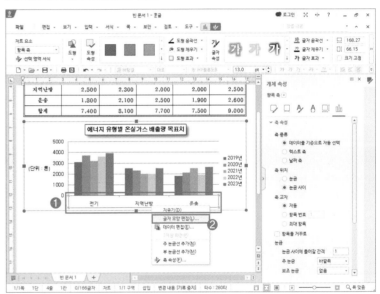

15 [차트 글자 모양] 대화상자에서 한글 글꼴을 '굴림'으로 지정하고, 속성의 크기를 '10pt'로 지정한 후 [설정]을 클릭합니다.

16 범례 영역에서 마우스 오른쪽 단추를 클릭하여 [글자 모양 편집]을 클릭합니다. [차트 글자 모양] 대화상자의 언어별 설정에서 한글 글꼴과 영어 글꼴을 각각 '굴림'으로 지정하고, 속성의 크기를 '10pt'로 지정한 후 [설정]을 클릭합니다.

PLUS TIP
범례의 숫자 글꼴을 설정하려면 영문 글꼴을 지정해야 됩니다.

17 범례 영역의 테두리를 설정하기 위해 (차트 서식)- (도형 윤곽선)을 클릭하여 '검정'을 선택합니다.

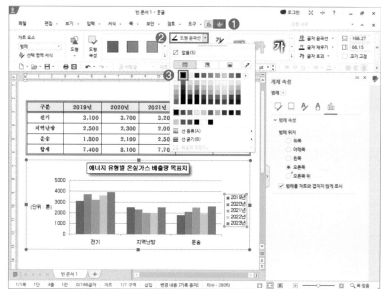

18 가로 눈금선을 선택한 다음, Delete 를 눌러 눈금선을 삭제합니다.

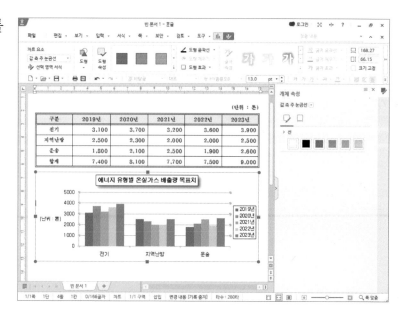

[차트 서식] 탭

❶ **차트 요소** : 차트의 영역별 서식을 설정할 수 있습니다. 선택 영역 서식을 클릭하면 [개체 속성] 작업 창을 열어 선택한 영역의 속성을 설정할 수 있습니다.

❷ **도형** : 펼침(▼) 단추를 클릭하면 도형을 삽입할 수 있습니다.

❸ **도형 속성** : 다양한 채우기 속성과 선, 도형 효과를 지정할 수 있는 [개체 속성] 작업 창을 표시합니다.

❹ **도형 스타일** : 다양한 채우기 속성과 선 속성, 도형 효과가 적용된 도형 스타일을 선택할 수 있습니다.

❺ **도형 윤곽선** : 선택한 도형의 배경색을 단색뿐만 아니라 그림, 그러데이션, 질감, 무늬로 채울 수 있습니다.

❻ **사용자 한자 사전 불러오기** : 다른 시스템에서 만든 사용자 한자 사전 파일(*.dic)을 불러와 한글 프로그램에 덧붙여 사용합니다.

❼ **도형 효과** : 선택한 도형에 그림자, 반사, 네온, 옅은 테두리, 3차원 효과를 적용할 수 있습니다.

❽ **글자 속성** : [개체 속성] 작업 창에서 속성을 세부적으로 설정할 수 있습니다.

❾ **글자 스타일** : 다양한 채우기 속성, 윤곽선 속성 및 그림자, 반사, 네온과 같은 속성이 적용된 글자 속성을 선택할 수 있습니다.

❿ **글자 윤곽선** : 선택한 글자의 윤곽선 굵기나 종류를 지정할 수 있습니다.

⓫ **글자 채우기** : 그림이나 그러데이션, 질감, 무늬로 글자를 채울 수 있습니다.

⓬ **글자 효과** : 글자에 그림자, 반사, 네온, 변환 효과를 적용합니다.

⓭ **너비** : 선택한 도형의 너비를 지정합니다.

⓮ **높이** : 선택한 도형의 높이를 지정합니다.

⓯ **크기 고정** : 본문에서 도형이 어울릴 수 있도록 글자처럼 취급되고, 어울림 도형의 너비나 높이를 조절하면 어느 한쪽만 조절하더라도 너비, 높이가 동일한 비율로 조절됩니다.

⓰ **글자처럼 취급** : 삽입한 도형이 본문과의 배치를 어떤 방식으로 할 것인지 설정할 수 있습니다.

⓱ **앞으로** : 여러 개체가 겹쳐 있는 경우 선택한 개체의 순서를 맨 앞으로 또는 앞으로 이동합니다.

⓲ **뒤로** : 여러 개체가 겹쳐 있는 경우 선택한 개체의 순서를 맨 뒤로 또는 뒤로 이동합니다.

[차트 디자인] 탭

❶ **차트 종류 변경** : 삽입한 차트의 종류를 가로 막대형, 세로 막대형, 꺾은선/영역형, 원형, 분산형 등으로 변경할 수 있습니다.

❷ **차트 구성 추가** : 축, 축제목, 차트 제목, 데이터 레이블, 눈금선, 범례, 추세선, 오차 막대 등의 요소를 추가할 수 있습니다.

❸ **차트 레이아웃** : 차트의 레이아웃을 변경할 수 있습니다.

❹ **차트 계열색 바꾸기** : 차트에 적용할 색을 변경할 수 있습니다.

❺ **차트 스타일** : 다양한 채우기 속성, 선 속성 및 그림자와 같은 속성이 적용된 차트 스타일을 설정할 수 있습니다.

❻ **줄/칸 전환** : 차트의 행 데이터와 열 데이터를 바꿀 수 있습니다.

❼ **차트 데이터 편집** : 차트에 적용된 데이터를 편집할 수 있는 [차트 데이터 편집] 대화상자가 표시됩니다.

1

다음과 같이 표를 작성한 후 평균을 구하고 '수송현황.hwp'로 저장해 보세요.

연도별 1일 수송 현황

구분	2019년	2020년	2021년	2022년	2023년
승하차	2,300	3,100	3,400	3,600	3,500
승 차	1,100	1,600	1,700	1,800	1,700
하 차	1,100	1,500	1,600	1,800	1,700
평 균	1,500.00	2,066.67	2,233.33	2,400.00	✕

2

다음과 같이 캡션을 삽입해 보세요.

연도별 1일 수송 현황

연도별 일평균 수송 현황(단위 : 천 명)

구분	2019년	2020년	2021년	2022년	2023년
승하차	2,300	3,100	3,400	3,600	3,500
승 차	1,100	1,600	1,700	1,800	1,700
하 차	1,100	1,500	1,600	1,800	1,700
평 균	1,500.00	2,066.67	2,233.33	2,400.00	✕

3

표에서 해당 데이트를 이용하여 가로 막대형 차트를 작성해 보세요.

• 완성파일 : 수송현황_완성.hwp

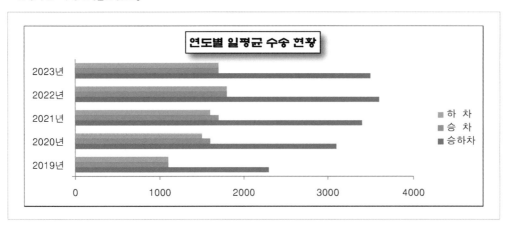

1) 다음과 같이 표를 작성한 후 합계를 구하고 '사이버범죄.hwp'로 저장해 보세요.

사이버범죄 발생 통계

(단위 : %)

구분	10대	20대	30대	40대 이상	합계
2019년	11.2	24.7	16.3	15.3	67.5
2020년	11.0	25.5	18.7	18.7	73.9
2022년	16.4	41.6	25.9	9.5	93.4
2023년	19.9	40.9	14.5	10.9	86.2

2) 표에서 해당 데이트를 이용하여 세로 막대형 차트를 작성해 보세요.

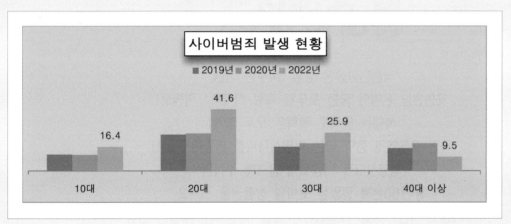

힌트 • 데이터 계열 표시

차트를 선택한 다음 [차트 디자인] – [차트 구성추가] – [데이터 레이블] – [표시]

• 데이터 계열 삭제

데이터 계열을 선택한 다음 삭제할 데이터 계열을 다시 선택한 다음 Delete 를 누르면 됩니다.

3) 차트 종류를 꺾은선형으로 바꿔보세요.

• 완성파일 : 사이버범죄_완성.hwp

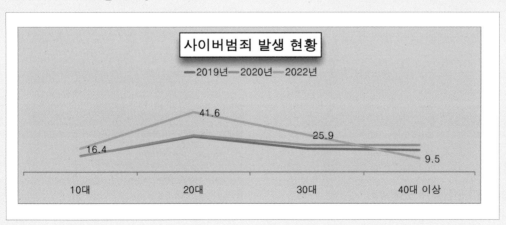

힌트 • 차트 종류 바꾸기

차트를 선택한 다음 [차트 디자인] – [차트 종류 변경] – [꺾은선형] 선택

S·e·c·t·i·o·n 12 글상자와 글맵시 삽입하기

글상자를 이용하여 문서 제목이나 본문 중간에 박스형 글을 삽입할 수 있으며, 글맵시로 글자를 구부리거나 글자에 외곽선, 면 채우기, 그림자, 회전 등의 효과를 주어 문서를 이쁘게 꾸밀 수 있습니다.

Preview

창립 34주년 기념 이벤트
지금 온에어에서
참여하세요!

국민연금공단 창립 34주년 기념,
국민연금 온에어 국민 모두의 희망 사다리' 이벤트!
세대는 달라도 혜택은 모두 함께!
국민 모두에게 힘이 되는 희망사다리를 연결해주세요!
희망사다리 이벤트에 참여해 주시면
총 100분께 맛있는 모바일 상품권을 드려요
- 이벤트 기간 : 9월 17일(금) ~ 9월 30일(목) 14일간 진행
- 당첨자 발표 : 10월 7일(목)

▲ 완성파일 : 이벤트_완성.hwp

학습 내용

- 글상자를 삽입하고 편집할 수 있습니다.
- 글맵시를 삽입하고, 꾸밀 수 있습니다.

01 'C:₩한글2020_소스₩Section12'에서 '이벤트.hwp' 파일을 불러옵니다. 글상자를 삽입하기 위해 [입력]-[글상자]를 클릭합니다.

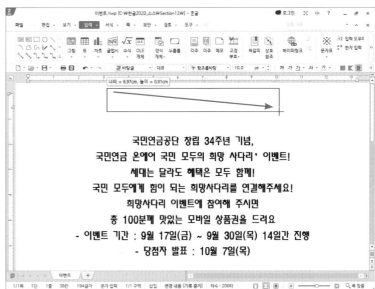

02 마우스 포인터가 '+' 모양으로 바뀌면 글상자가 삽입될 위치에서 드래그합니다.

03 글상자에 "창립 34주년 기념 이벤트"를 입력한 다음, 마우스 오른쪽 단추를 클릭하여 [개체 속성]을 클릭합니다.

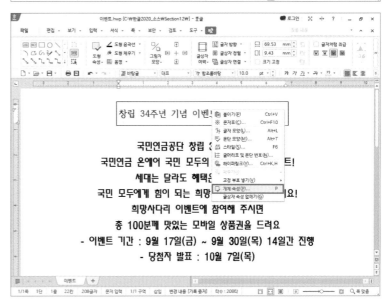

04 [개체 속성] 대화상자의 [기본] 탭에서 크기의 너비 값을 '100mm', 높이 값은 '15mm'로 지정한 다음, '글자처럼 취급'을 클릭하여 체크 표시를 합니다.

05 [선] 탭을 클릭하여 선 종류를 '없음'으로 지정하고, 사각형 모서리 곡률은 □(둥근 모양)을 선택합니다.

06 [채우기] 탭에서 '색'을 선택한 다음, '남색(RGB:58,60,132) 50% 어둡게'를 선택하고, [설정]을 클릭합니다.

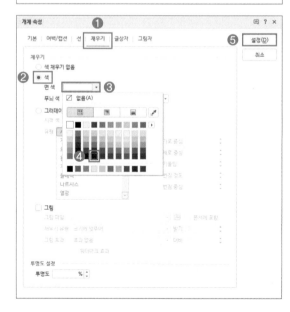

07 가로 글상자를 선택한 다음, 서식 도구 모음에서 글꼴은 'HY헤드라인M', 크기는 '17pt' 글꼴 색은 '하양'으로 설정합니다.

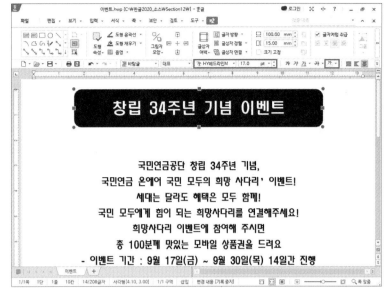

08 '34주년'만 블록 설정한 다음, 마우스 오른쪽 단추를 클릭하여 [글자 모양]을 선택합니다.

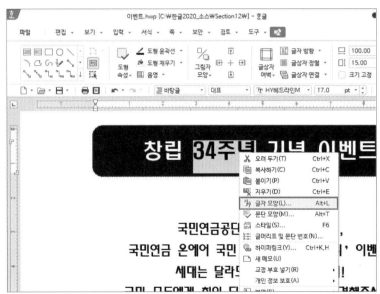

09 [글자 모양] 대화상자의 [기본] 탭에서 가(양각)을 선택하고, 글자 색은 '노랑(RGB:255,255,0)'을 지정한 후 [설정]을 클릭합니다.

10 ☑(도형) 메뉴 탭을 선택한 다음, ▧ (그림자 모양)을 클릭한 후 ▤ (오른쪽 뒤)를 선택합니다.

PlusTip

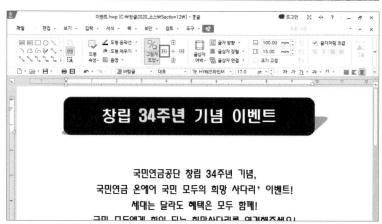

11 ⬅ (그림자 왼쪽으로 이동)을 클릭하여 그림자를 왼쪽으로 이동시킵니다.

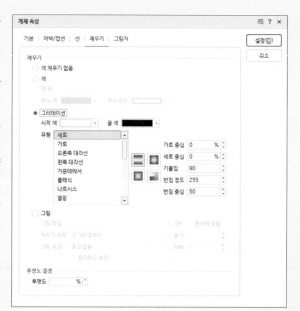

[개체 속성] 대화상자의 [채우기] 탭에서 '그러데이션'을 선택하면 글상자의 채우기를 시작 색과 끝 색으로 펴지는 효과로 채울 수 있습니다.

- **시작 색** : 개체의 중심에서부터 바깥쪽으로 퍼져 나가는 색을 선택합니다.
- **끝 색** : 개체의 바깥쪽에서부터 중심으로 펴져 들어오는 색을 선택합니다.
- **유형** : 다양한 그러데이션 템플릿 중에서 원하는 모양을 선택합니다.
- **가로 중심 / 세로 중심** : 개체의 가로 중심 / 세로 중심을 어느 위치에 놓을 것인지를 위치에 대한 퍼센트로 나타냅니다.
- **기울임** : 그러데이션의 모양의 기울임을 설정합니다.
- **번짐 정도** : 시작 색과 끝 색의 색 번짐 정도를 설정합니다.
- **번짐 중심** : 시작 색과 끝 색의 색 퍼짐 정도를 설정합니다.

01 글맵시를 삽입하기 위해 [입력]-[개체]-[글맵시]를 클릭합니다.

PlusTip

기본 도구 상자에서 📖(글맵시)를 클릭해도 됩니다.

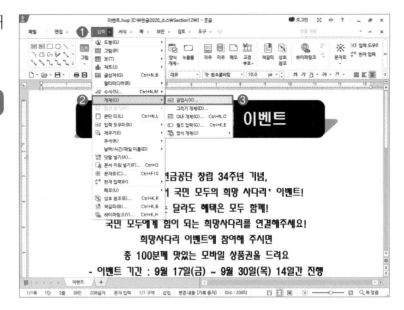

02 [글맵시 만들기] 대화상자가 나타나면 글맵시 모양 단추(▼)를 클릭하여 📖(역갈매기형 수장)을 선택합니다.

PlusTip

글맵시 모양을 클릭하면 55가지의 다양한 모양으로 글맵시를 삽입할 수 있습니다.

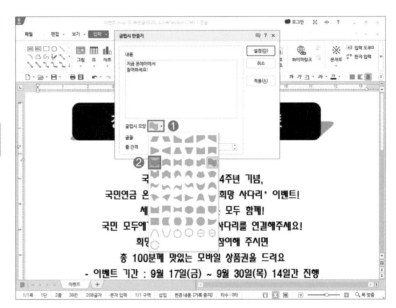

03 다음과 같이 내용을 입력한 다음, 글꼴은 'HY울릉도B', 줄 간격은 '110', 글자 간격은 '105'로 지정하고 [설정]을 클릭합니다.

04 삽입한 글맵시에서 마우스 오른쪽 단추를 클릭하여 [개체 속성]을 클릭합니다.

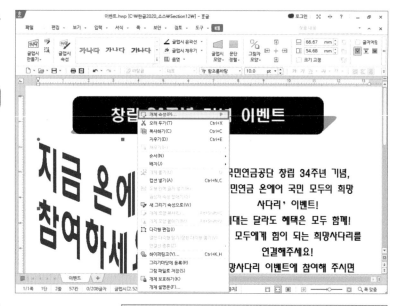

05 [개체 속성] 대화상자의 [기본] 탭에서 본문과의 배치를 (글 앞으로)를 선택합니다.

06 [채우기] 탭을 선택한 다음, '그러데이션'을 클릭합니다. 시작 색은 '남색(RGB:58,60,132) 50% 어둡게', 끝 색은 '하늘색(RGB:97,130,214) 80% 밝게', 유형은 '가운데에서'로 설정합니다.

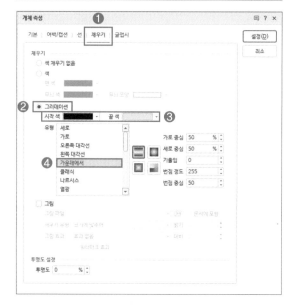

07 [글맵시] 탭을 클릭하여 문단 정렬은 ≣ (가운데 정렬)을 선택합니다. 그림자는 '비연속'을 선택한 다음, X 위치는 '0', Y 위치는 '2'로 지정한 후 [설정]을 클릭합니다.

08 글맵시의 크기를 조절한 후, 다음과 같이 글상자와 겹치게 배치하여 완성합니다.

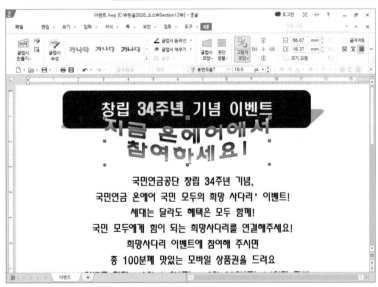

Power Upgrade

[개체 속성] 대화상자의 [글맵시] 탭에서 글맵시의 그림자 색과 위치 등을 설정할 수 있습니다.

1

글상자를 이용하여 다음과 같이 작성한 다음,
'정책방향.hwp'로 저장해 보세요.

2

문서 아래에 다음과 같이 글맵시를 삽입해
보세요.

- 완성파일 : 정책방향_완성.hwp

3

다음과 같이 글맵시와 글상자를 삽입하여 문
서를 만들어 보세요.

- 완성파일 : 만족도안내_완성.hwp

1) 글맵시와 글상자를 이용하여 다음과 같이 제목을 만들어 '보험.hwp'로 저장해 보세요.

안전운전 다이렉트 자동차보험

다이렉트 자동차 보험 가입 1위

2) 글상자를 삽입하여 이벤트 배너를 완성해 보세요.

• 완성파일 : 보험_완성.hwp

안전운전 다이렉트 자동차보험

다이렉트 자동차 보험 가입 1위

안전운전 다이렉트 가입 고객을 위한 EVENT

이벤트 적립금
8,000원

차 보험료 확인하고
적립금 받으세요!

3) 글상자를 이용하여 다음과 같이 작성한 다음, '특산물.hwp'로 저장해 보세요.

• 완성파일 : 특산물_완성.hwp

강 원 도 주 요 특 산 물

강릉	초당두부, 오징어
평창	감자, 찰옥수수
횡성	한우, 더덕, 쌀

13 그리기 개체와 그리기 마당 활용하기

선, 사각형, 원, 호, 다각형 등과 같은 도형을 삽입하고 그림자, 선, 채우기 등을 다양하게 바꿀 수 있습니다.

제주도에서 나 혼자 즐기기

제주 맛집 탐방

천지연 폭포

성산 일출봉

설악산

유채꽃밭

제주로 놀러 오세요~

▲ 완성파일 : 제주도_완성.hwp

학습 내용

– 나양한 노형을 삽입할 수 있습니다.
– 도형을 빠르게 정렬시킬 수 있습니다.
– 도형의 채우기를 색, 그림 등으로 설정할 수 있습니다.

01 편집 용지를 설정하기 위해 [쪽]–[편집 용지] 또는 F7 을 누릅니다.

02 [편집 용지] 대화상자에서 용지 방향을 '가로'로 지정하고 위쪽, 아래쪽, 왼쪽, 오른쪽은 각각 "20mm", 머리말과 꼬리말은 "0mm"로 지정하고 [설정]을 클릭합니다.

03 [입력] 메뉴 탭을 선택한 다음, 기본 도구 상자에서 □ (직사각형)을 클릭합니다. 마우스 포인트가 '+'로 바뀌면 적당한 크기로 드래그합니다.

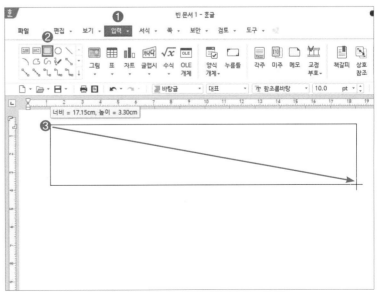

04 삽입한 사각형에서 마우스 오른쪽 단추를 클릭하여 [개체 속성]을 선택합니다.

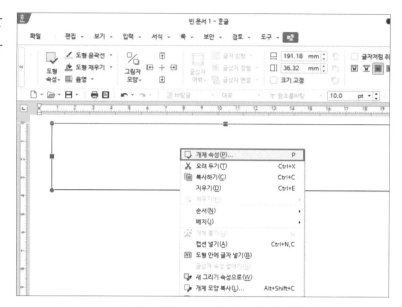

05 [개체 속성] 대화상자의 [기본] 탭에서 본문과의 배치를 가로는 "종이"의 "왼쪽" 기준 "20mm", 세로는 "종이"의 "위" 기준 "20mm"로 설정합니다.

06 [개체 속성] 대화상자의 [선] 탭에서 선 종류를 '없음' 선택합니다. 사각형 모서리 곡률의 '곡률 지정'을 선택한 다음, "5%"로 지정합니다.

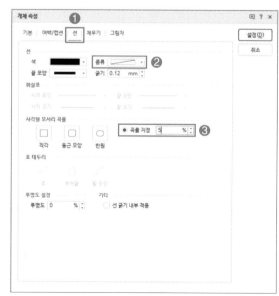

07 [개체 속성] 대화상자의 [채우기] 탭에서 '색'을 선택한 다음, 면 색의 펼침(▼) 단추를 클릭하여 ■ (스펙트럼)을 클릭합니다.

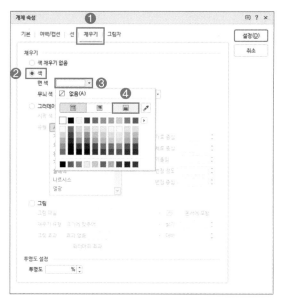

08 면색의 스펙트럼 창이 표시되면 R은 "20", G는 "143", B는 "208"을 입력하고 [적용]을 클릭합니다.

09 무늬 색의 펼침(▼) 단추를 클릭하여 '하양'을 선택하고, 무늬 모양 펼침(▼) 단추를 클릭하여 '눈금 무늬'를 선택한 다음, [설정]을 클릭합니다.

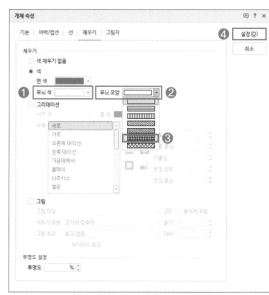

10 이번에는 같은 방법으로 다음과 같이 사각형을 그린 다음, 마우스 오른쪽 단추를 클릭하여 [개체 속성]을 선택합니다.

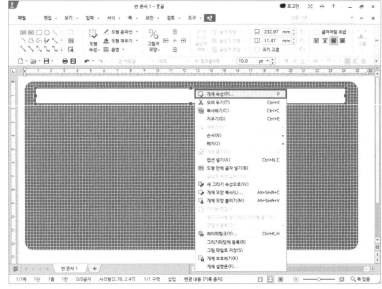

11 [개체 속성] 대화상자의 [선] 탭에서 선 종류는 '없음', 사각형 모서리 곡률은 ○(반원)을 선택한 다음, [설정]을 클릭합니다.

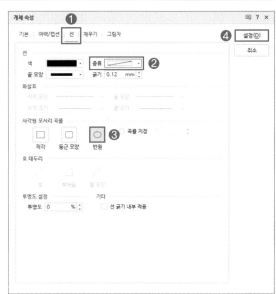

12 도형 안에 텍스트를 삽입하기 위해 반원 사각형 도형에서 마우스 오른쪽 단추를 클릭하여 [도형 안에 글자 넣기]를 클릭합니다.

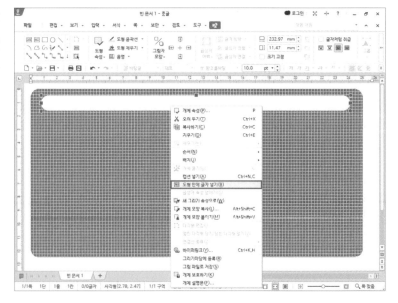

13 도형에 "제주도에서 나 혼자 즐기기"를 입력하고, 서식 도구 모음에서 글꼴은 'HY견명조', 크기는 "25pt", 정렬은 가운데 정렬로 지정하고, 도형의 높이를 적당히 조절합니다.

14 모서리가 둥근 직사각형 도형을 Ctrl 을 누른 상태로 드래그하여 하나 더 복사합니다.

Plus Tip

도형을 Ctrl 을 누른 상태로 드래그하면 복사됩니다.

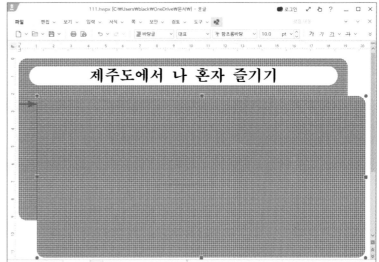

15 [도형 서식] 메뉴 탭의 🔥(도형 채우기)를 클릭하여 "하양"을 선택한 다음, 크기를 적당히 조절합니다.

16 두 개의 도형을 가운데 맞추기 위해 Shift 를 누른 상태로 도형을 모두 클릭하여 선택합니다. [도형 서식] 메뉴 탭에서 ⬚(맞춤)-[가운데 맞춤]을 클릭하여 선택한 도형을 모두 가운데 정렬시킵니다.

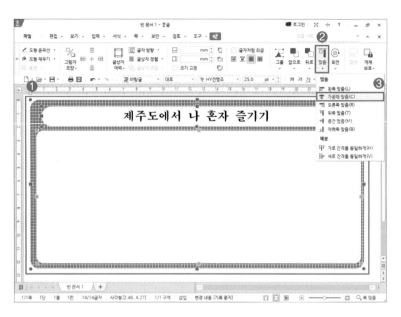

17 도형을 하나의 그룹으로 묶기 위해 [도형 서식] 메뉴 탭의 ⬚(그룹)-[개체 묶기]를 클릭합니다.

Plus Tip

• 개체 묶기 : Ctrl + G
• 개체 풀기 : Ctrl + U

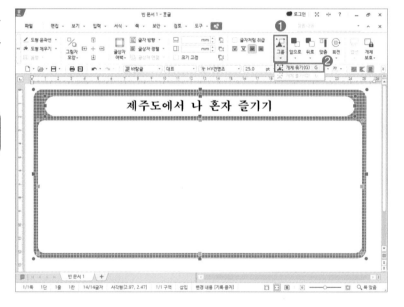

도형 그리기

• Ctrl : 마우스 포인터 위치가 도형의 중심이 되어 삽입됩니다.
• Shift : 정원, 직사각형 등 가로와 세로 비율이 1:1인 도형이 삽입됩니다.

도형 복사/이동

• Ctrl + 드래그 : 도형이 복사됩니다.
• Shift + 드래그 : 도형이 수직 또는 수평 방향으로 이동됩니다.

01 그리기 조각을 삽입하기 위해 [입력]–[그림]–[그리기 마당]을 클릭합니다.

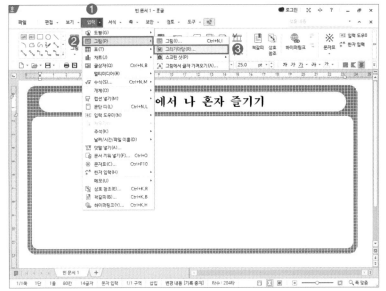

02 [그리기 마당] 대화상자의 [그리기 조각] 탭에서 '순서도'를 선택합니다. 순서도 개체 목록에서 ◯(순차적엑세스저장소) 도형을 선택하고 [넣기]를 클릭합니다.

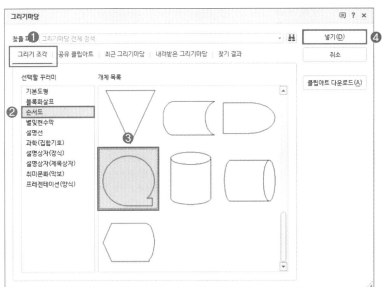

03 마우스 포인트가 '+'로 바뀌면 적당한 크기로 드래그하여 순차적엑세스저장소 도형을 삽입합니다.

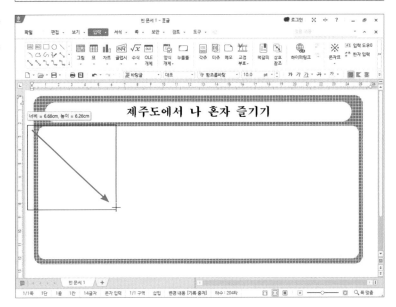

04 삽입된 도형을 Ctrl 을 누른 상태로 드래그하여 복사합니다.

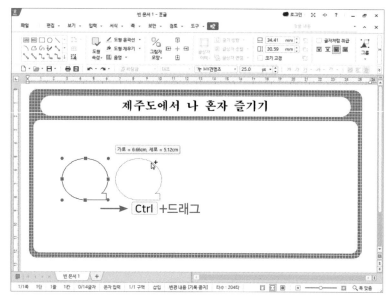

05 그룹으로 묶인 사각형 도형이 선택되지 않도록 하기 위해 사각형 도형을 더블 클릭합니다. [개체 속성] 대화상자의 [기본] 탭에서 '개체 보호하기'를 클릭하여 체크 표시를 한 후 [설정]을 클릭합니다.

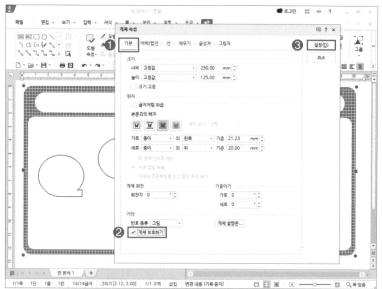

06 다음과 같이 순차적엑세스저장소를 5개 복사한 다음, Shift 를 누른 상태로 클릭하여 모두 선택합니다. 도형의 간격을 같게 하기 위해 ▥(맞춤)-[가로 간격을 동일하게]를 클릭합니다.

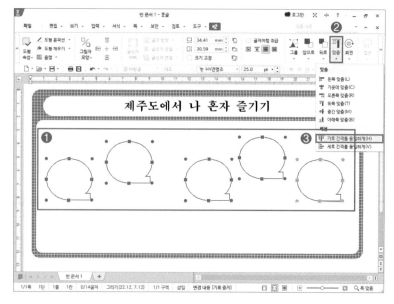

07 첫 번째 도형에서 마우스 오른쪽 단추를 클릭하여 [개체 속성]을 클릭합니다.

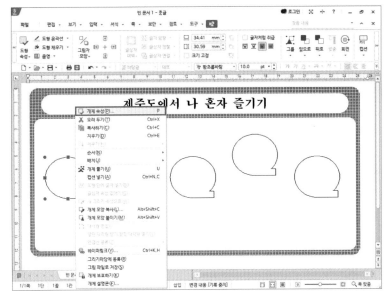

08 [개체 속성] 대화상자의 [선] 탭에서 선 종류를 '없음'으로 설정합니다.

09 [채우기] 탭에서 '그림'을 클릭하여 체크 표시를 한 다음, (그림 선택)을 클릭합니다.

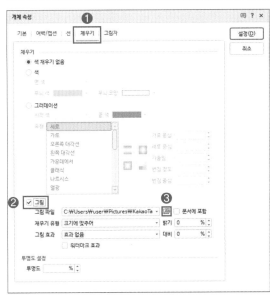

10 [그림 넣기] 대화상자가 나타나면 그림이 저장되어 있는 폴더를 선택한 다음, '제주1.jpg' 파일을 선택한 후 [열기]를 클릭합니다.

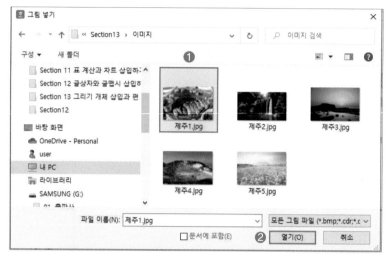

11 '문서에 포함'에 체크를 하고, 채우기 유형을 '크기에 맞추어'로 선택한 후 [설정]을 클립니다.

PlusTip

문서에 포함 : 그림을 삽입하면 그림 파일이 문서 파일 안에 함께 저장되므로 그림 파일을 따로 보관하지 않아도 됩니다.

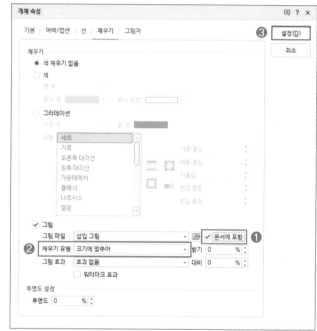

12 같은 방법으로 다음과 같이 그림을 채웁니다.

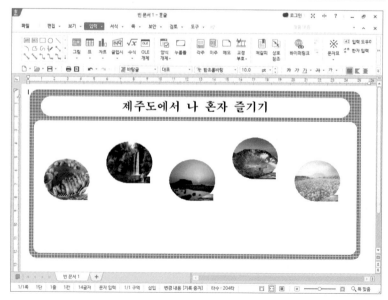

13 그리기 조각을 삽입하기 위해 [입력]– [그림]–[그리기마당]을 클릭합니다. [그리기마당] 대화상자가 나타나면 [그리기 조각] 탭에서 '취미문화(악보)'를 선택한 다음, 다음과 같은 그리기 조각을 선택 후 [넣기]를 클릭합니다.

14 마우스 포인트가 '+'로 바뀌면 적당한 크기로 드래그한 다음, (도형 서식) 메뉴 탭에서 (도형 윤곽선)–[없음]을 선택하고 (도형 채우기)를 클릭하여 원하는 색을 선택합니다.

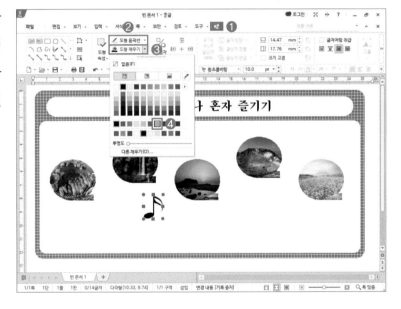

15 같은 방법으로 글상자와 그리기 조각을 삽입하여 문서를 완성합니다.

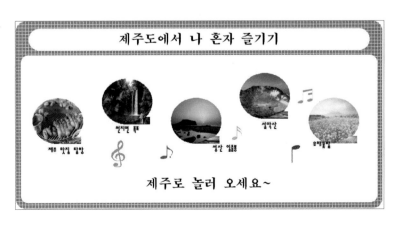

1

편집 용지의 방향을 세로로 설정한 다음, 직사각형 도형을 삽입하여 그림으로 채우기를 해보세요.

• 삽입이미지 : 크리스마스1.jpg, 크리스마스2.jpg, 크리스마스3.jpg

2

모서리가 둥근 직사각형을 그린 후 텍스트 상자를 삽입하여 카드를 완성해 보세요.

• 완성파일 : 카드_완성.hwp

3

직사각형과 세로 텍스트 상자를 이용하여 다음과 같이 문서를 만들어 보세요.

• 삽입이미지 : 경주.jpg
• 완성파일 : 여행카드_완성.hwp

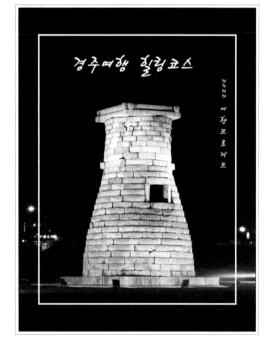

심화문제

1) 사각형과 물결 도형을 이용하여 다음과 같이 디자인하여 '안내장.hwp'로 저장해 보세요.

2) 사각형 도형 안에 글을 입력하고 반원 모서리로 변경하여 내용을 입력해 보세요.

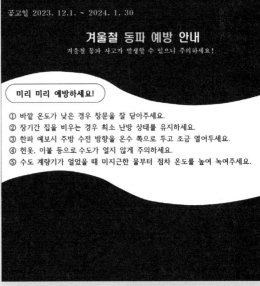

3) 사각형 도형과 반원 도형을 복사하여 다음과 같이 내용을 수정해서 완성해 보세요.
- 완성파일 : 안내장_완성.hwp

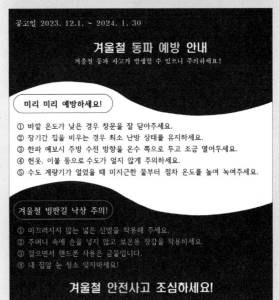

14 그림 삽입하기

문서에 그림을 삽입할 수 있습니다. 원본 그림을 삽입하거나 일부분만 잘라 넣을 수도 있으며, 그림을 확대하거나 축소할 수도 있습니다. 그림의 테두리와 그림 효과를 설정하여 문서를 꾸밀 수도 있습니다.

Preview

강원도의 자연환경 – 강원도의 위치

 강원도는 한반도 중앙부의 동측에 태백산맥을 중심으로 크게 구분되어 있다. 위도상으로는 북위 37도 02분에서 38도 37분에 걸치고 경도상으로는 동경 127도 05분에서 129도 22분에 걸쳐 있으며 북위 38도선은 본 도의 거의 중앙부를 통과하고 휴전선은 고성군 현내면 북위 38도 45분 근처에서 서남하하여 향로봉, 문등리 및 김화읍의 북방을 연결하는 북위 38도 20분선 부근에서 145km에 걸쳐 그어져 있다. 강원도 동서의 길이는 약 150km, 남북은 약 243km에 달하며, 동쪽은 약 314km에 걸쳐 해안선을 이루면서 이어져 있고, 서방은 황해도 및 경기도와 접해 있고 남쪽은 충청북도 및 경상북도, 북쪽은 함경남도 및 황해도와 접하여 경계를 이루고 있다.

강원도의 자연환경 – 강원도 여행

 월정사는 한국불교를 대표하는 사찰로 템플스테이와 출가학교, 자연명상마을 등의 프로그램을 함께 운영하고 있음. 평창의 자연과 불교의 아름다움을 함께 느낄 수 있는 곳으로 예로부터 많은 관광객들이 찾다.

천연보호구역, 국립공원, 생물권보전지역으로 지정된 우리나라 식물자원의 보고이다. 설악산의 주요 경관으로는 호박바위, 기둥바위, 넓적바위 등이 공룡능선, 용아장성, 울산바위를 중심으로 발달해 있어 우리나라 제일의 암석지형의 경관미를 갖춘 국립공원이다.

◀ 완성파일 : 강원도_완성.hwp

 학습 내용

- 그림을 삽입할 수 있습니다.
- 그림을 자르기할 수 있습니다.
- 그림에 테두리 효과를 설정할 수 있습니다.

01 'C:\한글2020_소스\Section14'에서 '강원도.hwp' 파일을 불러옵니다. 그림을 삽입하기 위해 [입력]-[그림]-[그림]을 클릭합니다.

Plus Tip

그림 삽입하기 단축키 : Ctrl + N , I

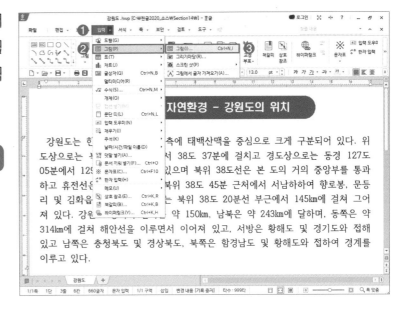

02 [그림 넣기] 대화상자의 'C:\한글 2020_소스\Section14\이미지' 폴더에서 '강원도1.jpg'를 선택합니다. '문서에 포함'과 '마우스 크기로 지정'에 체크 표시를 한 다음, [열기]를 클릭합니다.

03 마우스 포인터가 '+'로 바뀌면 그림이 삽입될 위치에서 적당한 크기로 드래그합니다.

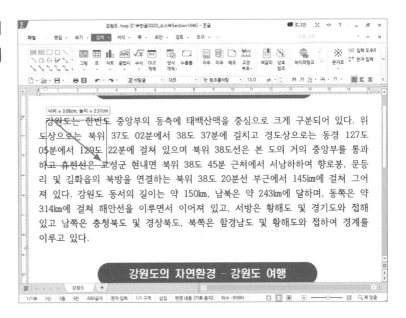

04 삽입한 그림의 크기를 조절하기 위해 크기 조절 핸들을 드래그하여 크기를 조절합니다.

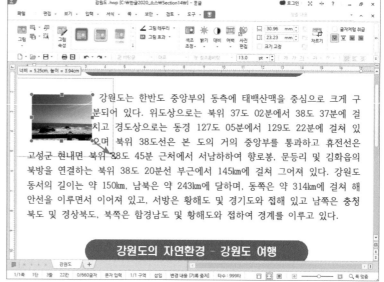

05 그림 속성을 설정하기 위해 그림에서 마우스 오른쪽 단추를 클릭하여 [개체 속성]을 클릭합니다.

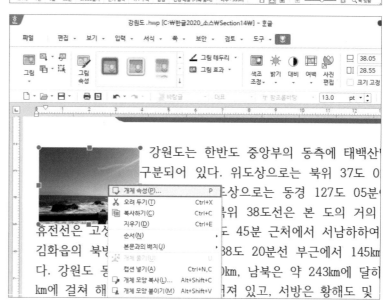

06 [개체 속성] 대화상자에서 본문과의 배치를 ⊞(어울림)으로 선택하고 가로는 '종이'의 '왼쪽', 기준은 '20mm'을 입력합니다.

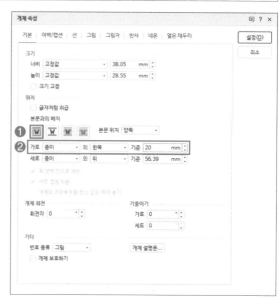

07 [여백/캡션] 탭에서 바깥 여백 오른쪽 값을 "3mm"로 지정하고 [설정]을 클릭합니다.

08 삽입한 그림을 Ctrl 을 누른 상태로 드래그하여 복사합니다.

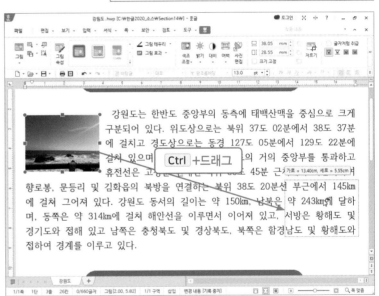

09 복사한 그림의 원본 이미지를 바꾸기 위해 ▣(그림 서식) 메뉴 탭에서 ▣(바꾸기/저장)-[그림 바꾸기]를 클릭합니다.

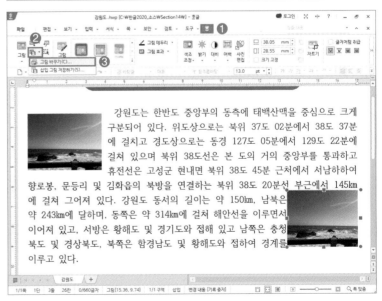

10 [그림 바꾸기] 대화상자에서 '강원도 2.jpg'를 선택하고, '문서에 포함'에 체크 표시를 한 후 [열기]를 클릭합니다.

11 그림 속성을 설정하기 위해 그림에서 마우스 오른쪽 단추를 클릭하여 [개체 속성]을 클릭합니다.

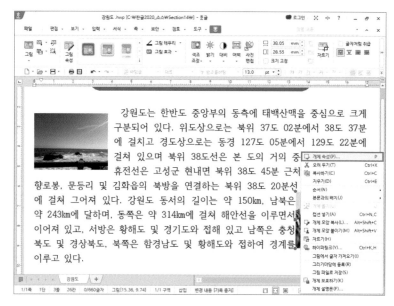

12 [개체 속성] 대화상자의 [기본] 탭에서 가로는 '종이'의 '오른쪽' 기준은 '20'을 입력합니다.

13 [여백/캡션] 탭에서 바깥 여백 왼쪽은 "3mm", 오른쪽 값은 "0mm"로 지정하고 [설정]을 클릭합니다.

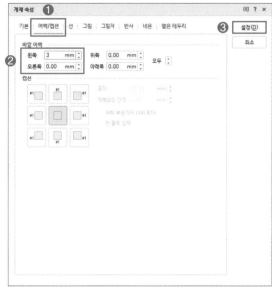

14 그림의 왼쪽 부분을 자르기 위해 ⬛ (그림 서식) 메뉴 탭에서 ⬛ (자르기)를 클릭합니다. 자르기 조절점을 적당히 드래그하여 그림에서 불필요한 부분을 삭제합니다.

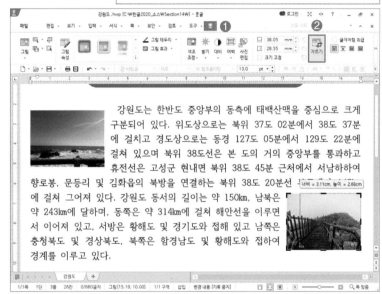

Power Upgrade

[그림 삽입] 대화상자

- **문서에 포함** : 그림 파일 자체를 문서 파일 속에 포함합니다.
- **마우스로 크기 지정** : 원하는 위치에서 마우스를 드래그하여 그림을 삽입합니다.
- **글자처럼 취급** : 삽입할 그림에 글자처럼 취급 속성을 적용하여 그림 개체를 글자와 동일하게 취급합니다.
- **앞 개체 속성 적용** : 삽입할 그림에 이전 삽입한 그림의 속성을 적용하여 삽입합니다.
- **셀 크기에 맞추어 삽입** : '글자처럼 취급'을 선택했을 경우에만 선택할 수 있으며, 그림을 셀 크기에 맞추어 삽입합니다.

스크린 샷

[입력]–[그림]–[스크린 샷]을 클릭하면 실행 중인 프로그램 화면을 캡처하여 문서에 삽입할 수 있습니다.

• **전체 창 추가하기** : [입력]–[그림]–[스크린 샷]을 클릭하여 목록에 나타난 축소판 그림 중 하나를 선택합니다.

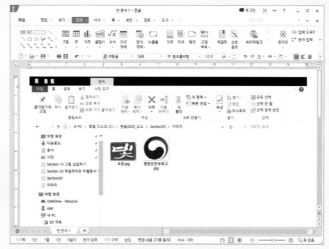

• **일부 창 추가하기** : [입력]–[그림]–[스크린 샷]–[화면 캡처]를 클릭하여 마우스 왼쪽 단추를 누른 상태로 캡처할 화면을 드래그합니다.

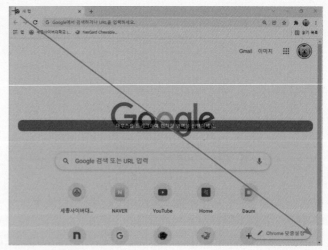

• **글자처럼 취급** : 문서에 삽입할 스크린 샷의 속성을 글자의 속성처럼 취급합니다.
• **마우스로 크기 지정** : 스크린 샷을 삽입할 때 현재 커서 위치에 넣지 않고, 원하는 위치에 마우스를 사용하여 크기를 지정한 다음 스크린 샷을 삽입합니다.
• **화면 캡처** : 사용자가 화면을 직접 캡처할 수 있도록 마우스 포인터가 십자 모양으로 바뀌면 마우스 왼쪽 단추를 누른 상태로 캡처할 화면의 영역을 드래그합니다.

따라하기 02 그림 서식 설정하기

01 커서를 그림이 삽입될 셀로 이동시킨 다음, [입력]-[그림]-[그림]을 클릭합니다. [그림 넣기] 대화상자가 나타나면 '강원도 3.jpg'를 선택한 다음, '문서에 포함', '글자처럼 취급', '셀 크기에 맞추어 삽입'에 체크 표시를 하고 [열기]를 클릭합니다.

02 삽입된 그림을 선택한 다음, (그림) 탭에서 (그림 테두리)를 클릭하여 테두리 색은 '하양'을 선택합니다.

03 다시 (그림 테두리)-[선 굵기]를 클릭하여 '2mm'을 선택하여 그림 테두리 두께를 설정합니다.

04 ▨ (그림) 메뉴 탭에서 ▨ (그림 효과)-[그림자]를 클릭하여 '오른쪽 대각선 아래'를 선택하여 그림에 그림자 효과를 설정합니다.

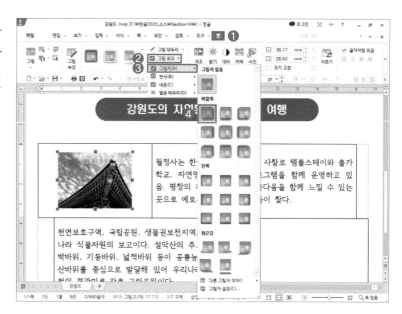

05 다시 그림을 삽입하기 위해 그림이 삽입될 셀에 커서를 이동시킨 다음, [입력]-[그림]-[그림]을 클릭합니다.

06 [그림 넣기] 대화상자에서 '강원도4.jpg'를 선택한 다음, '문서에 포함', '글자처럼 취급', '앞 개체 속성 적용','셀 크기에 맞추어 삽입'에 체크 표시를 한 후 [열기]를 클릭합니다.

Plus **T**ip

'앞 개체 속성 적용'에 체크 표시를 하면 삽입할 그림에 이전 삽입한 그림의 속성을 적용하여 삽입됩니다.

07 다음과 같이 이전에 삽입한 그림 속성이 적용된 그림이 삽입됩니다.

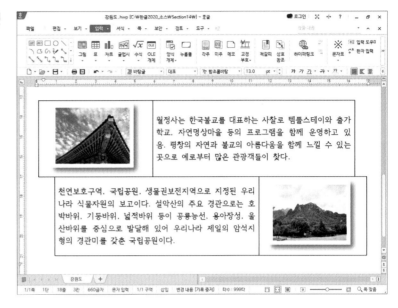

[그림 서식] 메뉴 탭

Power Upgrade

① **그림** : 그림 파일을 선택하여 현재 문서의 커서 위치에 삽입할 수 있습니다.

② **줄이기** : 문서 내 그림의 용량을 줄여 문서 크기를 작게 만들 수 있습니다. 단, 문서에 포함된 그림에만 적용됩니다.

③ **바꾸기/저장** : 삽입한 그림을 다른 그림으로 바꿀 수 있으며, 선택한 그림을 컴퓨터에 저장할 수 있습니다.

④ **원래 그림으로** : 그림에 적용된 다양한 효과를 없애고 원본 상태로 되돌립니다.

⑤ **개체 선택** : 문서에 삽입된 그림을 선택할 수 있습니다.

⑥ **그림 속성** : [개체 속성] 대화상자가 나타나며, 본문에 삽입한 개체의 크기, 위치, 회전 등의 속성을 변경할 수 있습니다.

⑦ **스타일** : 다양한 효과로 그림자 테두리에 여러 가지 스타일을 제공합니다.

⑧ **그림 테두리** : 선택한 그림에 테두리를 설정할 수 있습니다.

⑨ **그림 효과** : 그림에 그림자, 반사, 네온, 옅은 테두리 효과를 설정할 수 있습니다.

⑩ **색조 조정** : 그림에 회색조, 흑백, 워터마크, 효과 없음을 설정할 수 있습니다.

⑪ **밝기** : 그림의 밝기를 조절할 수 있습니다.

⑫ **대비** : 그림의 대비를 조절할 수 있습니다.

⑬ **여백** : 그림에 바깥 여백을 설정할 수 있습니다.

⑭ **사진 편집** : 간편 보정을 통해 사진을 선명하고 고급스러운 느낌으로 편집할 수 있습니다.

⑮ **너비 / 높이 / 크기 고정** : 그림의 너비, 높이를 조절하거나 크기를 고정할 수 있습닌다.

⑯ **너비를 같게 / 높이를 같게 / 너비 및 높이를 같게** : 선택한 여러 개 이미지의 너비/높이를 같게 만듭니다.

⑰ **자르기** : 그림에서 불필요한 부분을 잘라냅니다.

1

'슈퍼푸드.hwp' 파일을 불러와 다음과 같이
이미지를 삽입하여 문서를 완성해 보세요.

- 삽입이미지 : 버섯.jpg, 호박.jpg, 사과.jpg, 고
  등어.jpg

슈퍼푸드
Superfood

미국의 영양학 권위자인 스티븐 프랫(Steven G. Pratt) 박사가 세계적인 장수 지역인 그리스와 오키나와의 식단에 공통적으로 등장하는 먹을거리 14가지를 선정하여 섭취를 권장한 건강 식품을 말한다. 대표적인 슈퍼푸드에는 아몬드와 블루베리, 브로콜리, 단호박, 밤, 콩, 케일, 귀리, 오렌지, 연어, 플레인 요구르트가 있다. 이들 슈퍼푸드는 영양소가 풍부하거나 면역력을 강화시키고 대부분 저칼로리라는 점이 특징이다.

	우리 몸의 콜레스테롤을 낮추고 항암 효과에 탁월합니다. 또한 버섯은 90% 이상이 수분이고 식이섬유가 풍부해 '만병의 근원'이라는 변비 예방 및 치료에 탁월합니다.
	노화를 억제하고 암·심장병·뇌졸중 등 성인병을 예방해줍니다. 또한 체내 신경조직을 강화해주어 각종 업무로 쌓인 스트레스와 불면증을 해소하는 데 효과적이랍니다.
	피로를 풀어주는 동시에 면역력을 증강시켜주고, 식이섬유의 일종인 펙틴은 혈중 콜레스테롤과 혈당을 낮춰주며 플라보노이드 성분은 동맥에 찌꺼기가 쌓이는 것을 막아줍니다.
	DHA 성분이 풍부하게 함유되어 있어 뇌세포를 성장, 발달시켜주어 두뇌회전을 원활하게 해주기 때문에 기억력과 학습능력 향상에 도움을 줍니다.

자료추출 : 삼성서울병원 건강상식

2

요리사.png 이미지를 다음과 같이 삽입하고,
왼쪽 여백 값 '3mm'를 설정해 보세요.

- 완성파일 : 슈퍼푸드_완성.hwp

슈퍼푸드
Superfood

미국의 영양학 권위자인 스티븐 프랫(Steven G. Pratt) 박사가 세계적인 장수 지역인 그리스와 오키나와의 식단에 공통적으로 등장하는 먹을거리 14가지를 선정하여 섭취를 권장한 건강 식품을 말한다. 대표적인 슈퍼푸드에는 아몬드와 블루베리, 브로콜리, 단호박, 밤, 콩, 케일, 귀리, 오렌지, 연어, 플레인 요구르트가 있다. 이들 슈퍼푸드는 영양소가 풍부하거나 면역력을 강화시키고 대부분 저칼로리라는 점이 특징이다.

	우리 몸의 콜레스테롤을 낮추고 항암 효과에 탁월합니다. 또한 버섯은 90% 이상이 수분이고 식이섬유가 풍부해 '만병의 근원'이라는 변비 예방 및 치료에 탁월합니다.
	노화를 억제하고 암·심장병·뇌졸중 등 성인병을 예방해줍니다. 또한 체내 신경조직을 강화해주어 각종 업무로 쌓인 스트레스와 불면증을 해소하는 데 효과적이랍니다.
	피로를 풀어주는 동시에 면역력을 증강시켜주고, 식이섬유의 일종인 펙틴은 혈중 콜레스테롤과 혈당을 낮춰주며 플라보노이드 성분은 동맥에 찌꺼기가 쌓이는 것을 막아줍니다.
	DHA 성분이 풍부하게 함유되어 있어 뇌세포를 성장, 발달시켜주어 두뇌회전을 원활하게 해주기 때문에 기억력과 학습능력 향상에 도움을 줍니다.

자료추출 : 삼성서울병원 건강상식

3

다음과 같이 '와인.hwp' 파일을 불러와 표와
그림을 이용하여 문서를 완성해 보세요.

- 삽입이미지 : 와인1.jpg, 와인2.jpg
- 완성파일 : 와인_완성.hwp

Wine

넓은 의미의 와인은 포도의 즙으로 만든 알코올성 음료뿐만 아니라 뭇 과실이나 꽃 혹은 약초를 발효시켜서 만든 알코올성 음료를 총칭하는 말이지만, 좁은 의미에서의 와인은 포도의 즙을 발효시켜서 만든 알코올성의 양조주다.

영어 단어인 와인은 단독으로 표기할 때는 포도를 이용한 과실주를 나타내는 것이 일반적이지만, 발효주 중에서도 과일을 발효한 술을 뜻하기도 한다. 즉, 포도주 외에도 다른 과일주를 뜻하기도 하는데, 이때는 해당 작물이나 곡류의 이름을 함께 병기하여 블루베리 와인, 라즈베리 와인, 아이스베리 와인, 체리 와인, 감 와인 등으로 쓴다.

심화문제

1) 그림과 표를 이용하여 다음과 같이 문서를 만들어 보세요.
   - 완성파일 : 백신_완성.hwp
   - 삽입이미지 : 주사.png

코로나19 백신패스 시행
백신패스 없이는 안돼요!

지역 유행 차단	미접종자 보호강화	청소년 유행 차단
접종 여부 상관 없이 수도권 4인, 비수도권 6인	마스크 착용이 어려운 다중 시설(식당, 카페)에 백신패스 적용	총서년 유행 억제를 위해 백신패스 예외 범위를 11세 이하로 조정

2) 다음과 같이 '이력서.hwp' 파일을 불러와 완성해 보세요.
   - 삽입이미지 : 증명사진.jpg, 도장.png
   - 완성파일 : 이력서_완성.hwp

이 력 서

성 명	김 수 진 (인)		전화번호
			010-1234-5678
생년월일	1980년 09월 14일		

주 소	서울시 송파구 성지로 1 행운타운 9단지 902-1210		
호 적 관 계	호주와의 관계	본인 호 주 성 명	김 수 진

년 월 일			< 학 력 사 항 >	발 령 청
1990	2		서울 빛 고등학교 졸업	
1994	2		서울 빛 교육 대학교 졸업	
			< 경 력 사 항 >	
1995	9	1	(주)행복도서 입사	
2005	10	30	(주)행복도서 퇴사	
2005	11	30	도서출판 아티오 편집부 입사	
			< 자 격 사 항 >	
2000	1		인터넷 정보검색사 1급	
2001	5		워드프로세서 1, 2급 취득	
2008	5		정보기술자격(ITQ-한글,파워,엑셀)	
2009	1		그래픽기술자격(GTQ 1급)	

수식 입력하기

한글의 수식 편집기를 이용하면 간단한 산술식은 물론 복잡한 수식에 이르기까지 어떠한 수학식도 수식 템플릿과 수식용 명령어를 이용하여 손쉽게 작성할 수 있습니다.

Preview

근의 공식

이차방정식의 근을 구하는 공식으로 이차방정식의 근은 2개가 있다. 2개의 근이 같으면 중근이라고 하며, 공식의 ±는 근을 구할때 한번은 +, 한번은 − 로 적용한다.

$$ax^2 + bx + c = 0 \text{ 일 때 } (단, a \neq 0)$$
$$x = \frac{-b \pm \sqrt{b^2 - 4ac}}{2a}$$

드 모르간의 법칙

드 모르간의 법칙은 두 집합의 교집합과 합집합의 여집합이 두 집합의 여집합과 어떤 관계인지 서술한다.

$$(A \cap B)^c = A^c \cup B^c$$
$$(A \cup B)^c = A^c \cap B^c$$

▲ 완성파일 : 공식_완성.hwp

 학습 내용

− 수식 도구 상자를 이용하여 수식을 입력하는 방법에 대해 알 수 있습니다.
− 수식에 다양한 기호를 삽입하는 방법에 대해 알 수 있습니다.

01 'C:₩한글2020_소스₩Section15'에서 '공식.hwp' 파일을 불러옵니다. 마지막 줄에 커서를 위치시킨 다음, 표를 삽입하기 위해 [표]-[표 만들기]를 클릭합니다.

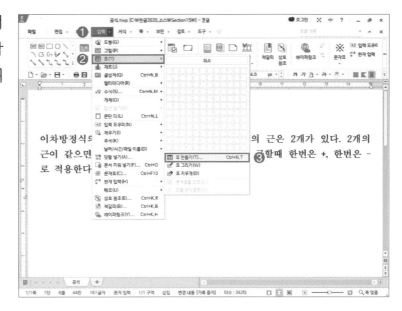

02 [표 만들기] 대화상자에서 줄수와 칸 수를 각각 "1"로 지정하고, '글자처럼 취급'에 체크 표시를 한 후 [만들기]를 클릭합니다.

03 셀의 크기를 적당히 조절한 다음, 셀에서 마우스 오른쪽 단추를 클릭하여 [셀 테두리/배경]-[각 셀마다 적용]을 클릭합니다.

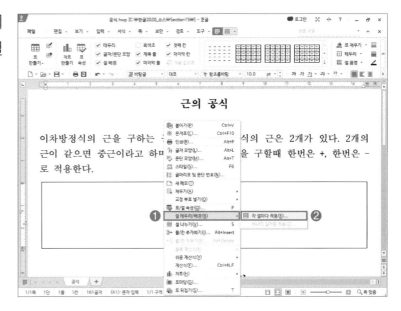

04 [셀 테두리/배경] 대화상자의 [배경] 탭에서 '색'을 선택합니다. 면색의 펼침(▼) 단추를 클릭하여 '초록(RGB : 0,128,0)'을 선택한 후 [설정]을 클릭합니다.

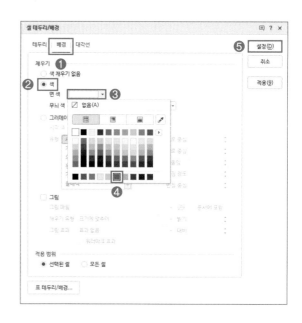

05 수식을 입력하기 위해 [입력]-[수식]을 클릭합니다.

수식 단축키 : Ctrl + N , M

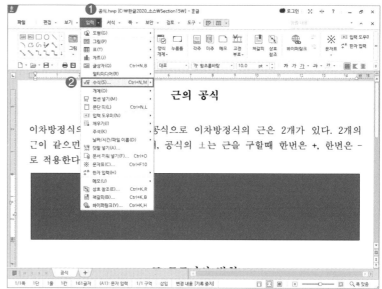

06 [수식편집기] 대화상자가 나타나면 "ax"를 입력하고, A₁ ▾ (첨자)를 클릭하여 A¹ 를 클릭합니다.

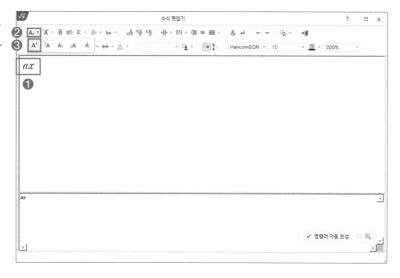

07 "2"를 입력한 다음, Tab 을 한 번 눌러 커서를 이동합니다.

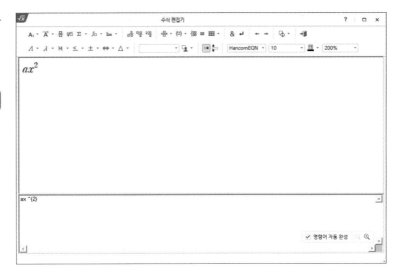

08 "+bx+c=0일 때 (단,a"를 입력합니다.

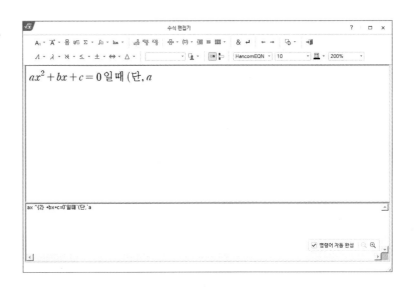

09 기호를 삽입하기 위해 ± · (연산, 논리 기호)를 클릭하여 ≠ 를 선택합니다.

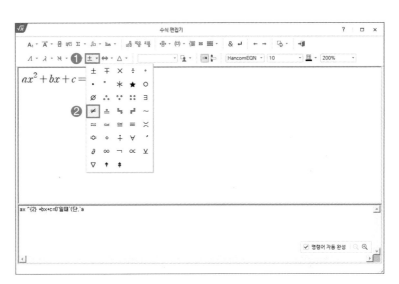

10 '≠' 기호가 삽입되면 "0)"를 입력하고 ◀▮(넣기)를 클릭합니다.

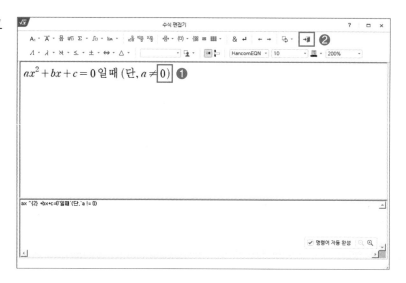

11 수식이 입력되면 Enter 눌러 줄을 바꾼 다음, 다시 [입력]-[수식]을 클릭합니다.

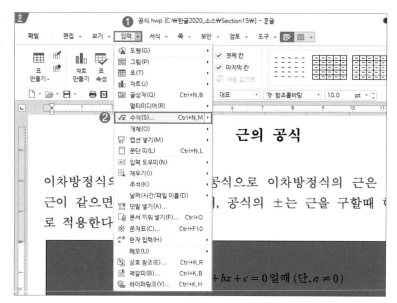

12 "x="을 입력하고 믐 (분수)를 클릭합니다. "-b"를 입력한 다음, ± · (연산, 논리 기호)를 클릭하여 ± 를 선택합니다.

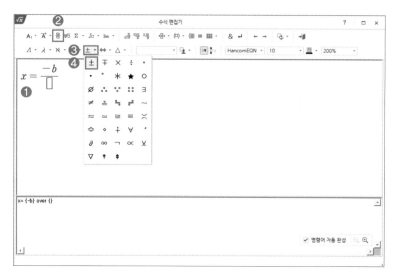

13 ᵛ⊡ (근호)를 클릭한 다음, "b"를 입력합니다. A₁ᵛ (첨자)를 클릭하여 A¹를 클릭합니다.

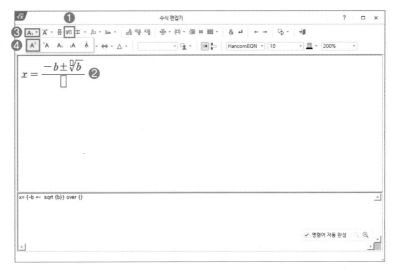

14 "2"를 입력한 다음, Tab 을 눌러 커서를 이동시킨 다음 "−4ac"를 입력합니다.

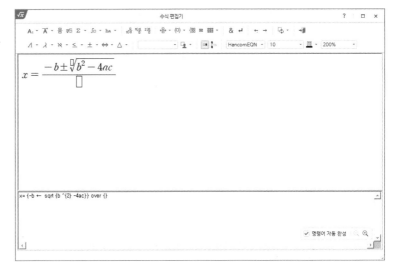

15 Tab 을 두 번 눌러 커서를 분모 자리로 이동한 다음, "2a"를 입력합니다. 수식의 글자색을 변경하기 위해 🖫ᵛ (글자색)을 클릭하여 '노랑'을 선택한 후 ◀▌ (넣기)를 클릭합니다.

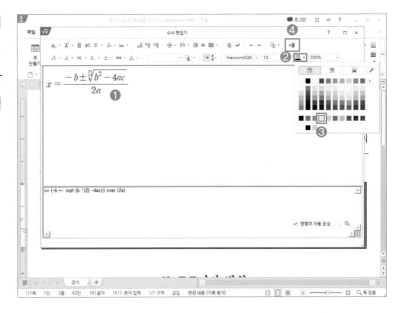

16 입력된 수식을 수정하고 싶으면 수식을 더블 클릭합니다.

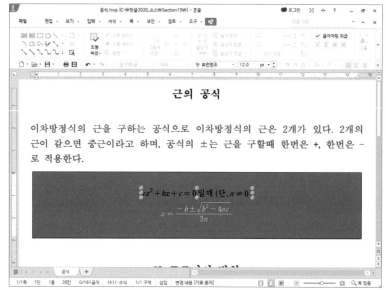

17 수식의 글자색을 변경하기 위해 ▦▾ (글자 색)을 클릭하여 '노랑'을 선택한 후 ◀◼ (넣기)를 클릭합니다.

18 다음과 같이 수식이 수정된 것을 확인할 수 있습니다.

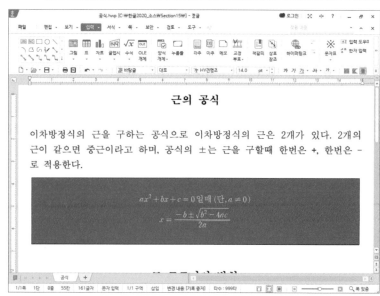

01 다음과 같이 표를 삽입한 다음, [입력]-[수식]-[일반]을 클릭하여 '$(A \cap B)^c = A^c \cup B^c$'를 클릭합니다.

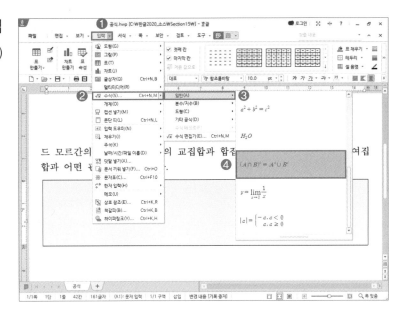

02 Enter 를 눌러 줄바꿈을 합니다. 삽입된 수식을 Ctrl 을 누른 상태로 드래그하여 복사한 다음 더블 클릭합니다.

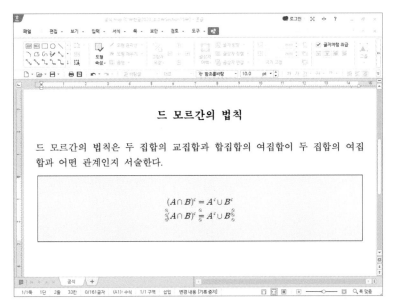

03 "∩" 기호를 삭제한 다음, ≤ · (합,집합 기호)를 클릭하여 '∪'를 선택합니다.

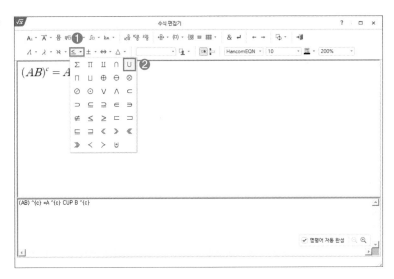

04 같은 방법으로 "∪"를 삭제한 다음, ≤ · (합,집합 기호)를 클릭하여 '∩'를 선택하여 수식을 수정한 다음, ◄ (넣기)를 클릭합니다.

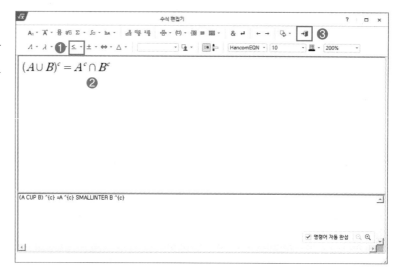

05 다음과 같이 수식이 수정된 것을 확인할 수 있습니다.

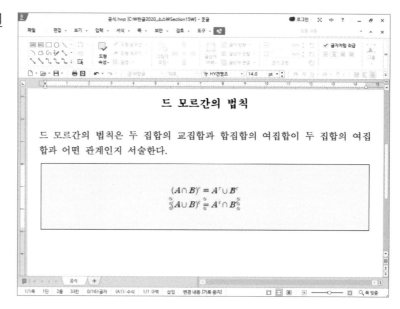

Power Upgrade

⬚ · (수식 형식 변경)

- **MathML 파일로 저장하기** : 수식 편집 창에 입력된 수식을 MathML 파일(*.mml)로 저장할 수 있습니다.
- **MathML 파일 불러오기** : MathML 파일(*.mml)을 지정하여 불러오면, [수식 편집기] 대화 상자의 수식 편집 창과 스크립트 입력 창에 MathML 파일의 수식 내용이 나타납니다.

⬚ · (수식 매크로)

자주 사용하는 수식 매크로를 추가하면 수식 편집기를 열지 않고 문서에 수식을 바로 입력할 수 있습니다.

- **수식 매크로 추가하기** : 수식 편집기에서 수식을 입력한 다음, 수식 매크로 목록에 추가합니다.
- **수식 매크로 불러오기** : *.json 파일로 저장한 수식 매크로를 불러옵니다.
- **수식 매크로 저장하기** : 수식 매크로 목록을 *.json 파일로 저장합니다.

Power Upgrade

[수식편집기]

① ▨⁺ (첨자) **Shift** + **-**

A¹ ¹A A₁ ₁A Å

② ▨⁺ (장식 기호) **Ctrl** + **D**

③ ▨ (분수) **Ctrl** + **O**

④ ▨ (근호) **Ctrl** + **R**

⑤ Σ⁺ (합) **Ctrl** + **S**

⑥ ∫⁺ (적분) **Ctrl** + **I**

⑦ lim⁺ (극한) **Ctrl** + **L**

⑧ ▨ (세로 나눗셈)

⑨ ▨ (최소공배수/최대공약수)

⑩ ²⁄₁₀ (2진수로 변환)

⑪ ▨⁺ (상호 관계) **Ctrl** + **E**

⑫ (0)⁺ (괄호) **Ctrl** + **9**

⑬ ▨ (경우) **Ctrl** + **0**

⑭ ▤ (세로 쌓기) **Ctrl** + **P**

⑮ ▦⁺ (행렬) **Ctrl** + **M**

⑯ & (줄 맞춤)

⑰ ↵ (줄 바꿈)

⑱ ← (이전 항목)

⑲ → (다음 항목)

⑳ ▨⁺ (수식 형식 변경)

MathML 파일 불러오기(O)...   Alt+M
MathML 파일로 저장하기(S)...   Alt+S

㉑ ▨ (넣기) **Shift** + **Esc**

㉒ ∧⁺ (그리스 대문자)

A B Γ Δ E
Z H Θ I K
Λ M N Ξ O
Π P Σ T Y
Φ X Ψ Ω

㉓ λ⁺ (그리스 소문자)

α β γ δ ε
ζ η θ ι κ
λ μ ν ξ ο
π ρ σ τ υ
φ χ ψ ω

㉔ ℵ⁺ (그리스 기호)

㉕ ⊆⁺ (합, 집합 기호)

㉖ ±⁺ (연산, 논리 기호)

㉗ ↔⁺ (화살표)

㉘ △⁺ (기타 기호)

㉙ ▭⁺ (명령어 입력)

㉚ ▨⁺ (수식 매크로)

㉛ ▨ (글자 단위 영역)

㉜ ▨ (줄 단위 영역)

㉝ HancomEQN⁺ (글꼴)

㉞ 10⁺ (글자 크기)

㉟ ▨⁺ (글자 색)

㊱ 200%⁺ (화면 확대)

기초문제

1

다음과 같이 텍스트를 입력한 다음, 수식을 작성해 보세요.

• 완성파일 : 근과계수.hwp

자주 찾는 수학 공식

근과 계수와의 관계 공식

$$ax^2 + bx + c = 0 \, (a \neq 0) \text{의 근이 } \alpha, \beta \text{이면}$$

$$\alpha + \beta = -\frac{b}{a}, \; \alpha\beta = \frac{c}{a}$$

2

다음과 같이 수식을 입력해 보세요.

• 완성파일 : 수학문제.hwp

■ 문제
전체 집합 $U = \{1, 2, 3, 4, 5, 6, 7, 8\}$의 부분집합 A에 대하여
$A = \{2, 4, 6\}$일 때, A^c을 구하시오.

■ 풀이
$A^c = \{x \, vert \, x \in U \text{그리고} \, x \notin A\}$ 이므로
$A^c = \{1, 3, 5, 7, 8\}$

■ 문제
두 집합 A, B에 대하여 $n(A) = 36, nB = 28$,
$n(A \cup B) = 49$일 때, $n(A - B)$의 값을 구하시오.

■ 풀이
$n(A - B) = n(A \cup B) - n(B)$이므로
$= 49 - 28$
$= 21$

3

분수 수식을 이용하여 다음과 같이 만들어 보세요.

• 완성파일 : 분수계산.hwp

대분수의 나눗셈

$2\frac{1}{4} \div 1\frac{4}{5}$의 계산

① 두 분수를 통분하여 계산하기

$2\frac{1}{4} \div 1\frac{4}{5} = \frac{9}{4} \div \frac{9}{5} = \frac{45}{20} \div \frac{36}{20}$

$= \frac{45}{36} = \frac{5}{4} = 1\frac{1}{4}$

② 분수의 곱셈으로 고쳐 계산 결과에서 약분하기

$2\frac{1}{4} \div 1\frac{4}{5} = \frac{9}{4} \div \frac{9}{5} = \frac{9}{4} \times \frac{5}{9}$

$= \frac{45}{36} = \frac{5}{4}$

$= 1\frac{1}{4}$

1) 그리기 마당과 수식을 이용하여 다음과 같이 문서를 작성해 보세요.
   • 완성파일 : 차집합.hwp

◆ 차집합
   두 집합 A, B에 대하여 A에 속하고 B에는 속하지 않는 모든 원소로 이루어진 집합
   $$A - B = \{x | x \in A \text{ 그리고 } x \notin B\}$$

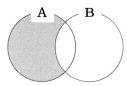

2) 그리기 도구와 수식을 이용하여 다음과 같이 그래프를 그려보세요.

뉴턴-랩슨법의 기하학적 의미

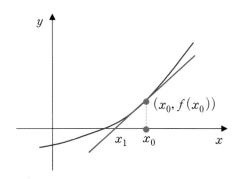

3) 수식을 다음과 같이 입력하여 문서를 완성해 보세요.
   • 완성파일 : 뉴턴.hwp

뉴턴-랩슨법의 기하학적 의미

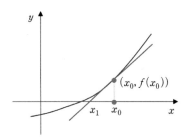

미분가능한 함수 f에 대해 방정식 $f(0)$의 근사해를 x_0이라고 하자.
이때 x_0 근처에 해가 존재한다고 가정하고 있는데,

$$f(x) \approx f(x_0) + f'(x_0)(x - x_0)$$

이므로 $f(x) = 0$의 해는 $(x_0, f(x_0))$에서의 해,
즉 $f(x_0) = f'(x_0)(x - x_0) = 0$의 해와 비슷하다는 것이 뉴턴의 방법이다.

자료출처 : 네이버 지식백과

16 다단과 쪽 배경 설정하기

신문이나 회보, 찾아보기 등을 만들 때 읽기 쉽도록 여러 개의 단으로 나눌 수 있습니다. 다단을 사용하면 문서가 정돈되어 보이는 효과가 있고, 보다 많은 내용을 한눈에 볼 수 있습니다. 쪽 배경을 설정하면 문서의 배경을 색이나 그림, 그러데이션으로 채우기 효과를 낼 수 있습니다.

P·r·e·v·i·e·w

"떠나고 싶을 때, 쉬고 싶을 때 우리가 꿈꾸는 바로 그 여행

일정 및 참가비

- 매월 셋째, 넷째주 주말(2박 3일)
- 템플스테이 일정은 사중행사와 겹치면 변경될 수 있습니다.
- 참가인원이 10명 미만일 경우 일정이 취소될 수 있습니다.
- 단체(15인 이상) 참가 신청시 일정과 프로그램을 조정할 수 있습니다.
- 성인 5만원, 대학생 3만원, 초·중·고생 무료
  ※ 초등생 포함 어린 자녀의 경우 보호자의 동반이 필요합니다.

접수시 유의사항

- 단체 생활이 어렵거나 응급 상황이 올 수 있는 지병을 가지신 분은 신청을 삼가 해주세요.
- 숙소는 남·녀 따로 대중방에서 대중생활을 하오니 신청하실때 참조 부탁드립니다.
- 휴대폰 및 전자기기 사용이 금지되어 있습니다.
- 우리 사찰 템플스테이는 '맞춤형', '혼합형', '휴식형', '당일형'으로 정해진 일과를 따라야 하는 프로그램입니다.

예약 및 문의 사항

- 전화 : 02-1235-1235
- 홈페이지 : http://www.atio.co.kr

프로그램

- 맞춤형 : 단체기 연수, 워크샵, 친목 등을 위해 참여할 수 있습니다.
- 휴식형 : 시찰에서 자유롭게 생활할 수 있는 프로그램으로 일상을 벗어나 휴식과 여유를 경험할 수 있습니다.
- 당일형 : 점심 공양 후에 스님과의 차담 또는 108배등 프로그램 체험을 통해 몸과 마음을 힐링하는 프로그램입니다.
- 체험형 : 2박 3일동안 사찰 문화를 경험하고, 홀로 경험을 실천해 볼 수 있습니다.

템플스테이

자연에서 느끼는 힐링

장소 : 서울시 은평구 행복길로 123

전화 : 02-1234-5678

홈페이지 : http://www.atio.co.kr

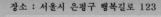

▲ 완성파일 : 템플스테이_완성.hwp

 학습 내용

- 단 개수를 설정하여 페이지의 단을 나눌 수 있습니다.
- 문서의 배경을 그러데이션으로 설정할 수 있습니다.

01 'C:₩한글2020_소스₩Section16'에서 '템플스테이.hwp' 파일을 불러옵니다. 편집 용지 여백을 설정하기 위해 [쪽]-[편집 용지]를 클릭합니다.

PLusTIP

02 [편집 용지] 대화상자의 [기본] 탭에서 용지 방향은 '가로', 위쪽, 아래쪽, 왼쪽, 오른쪽의 여백 값은 각각 "10mm", 머리말, 꼬리말은 "0mm"으로 지정하고 [설정]을 클릭합니다.

03 단을 나누기 위해 [쪽]-[단]-[다단 설정]을 클릭합니다.

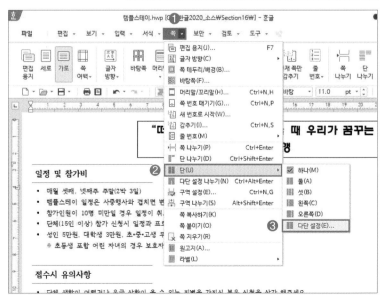

04 [단 설정] 대화상자에서 단 종류는 '일반 다단'을 선택하고, 자주 쓰는 모양에서 ▦(둘)을 선택합니다. '구분선 넣기'에 체크 표시를 하고, 종류는 '점선', 굵기는 '0.1mm'로 지정하고 [설정]을 클릭합니다.

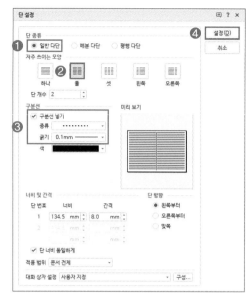

Plus**T**ip

• 일반 다단 : 왼쪽 단에 내용이 모두 입력된 후 오른쪽으로 커서가 이동됨
• 배분 다단 : 왼쪽 단에 내용을 입력하고 Enter 를 누르면 커서가 오른쪽 단으로 이동되고, 다시 Enter 를 누르면 커서가 왼쪽 단으로 이동됨
• 평행 다단 : 페이지가 넘어가도 한쪽 단에만 내용이 입력됨

05 본문은 2단으로 작성하지만 제목은 하나의 단으로 하는 게 보기 좋기 때문에 합치기 위해 제목 부분을 드래그하여 블록 설정한 다음, [쪽]-[단]-[하나]를 클릭하여 하나의 단으로 변경합니다.

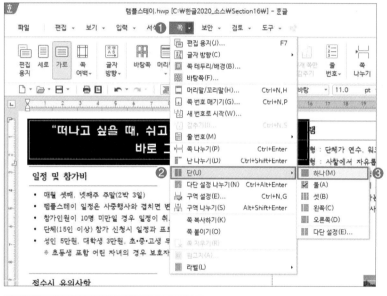

06 제목 표의 테두리를 설정하기 위해 표에서 마우스 오른쪽 단추를 클릭하여 [셀/테두리 배경]-[각 셀마다 적용]을 클릭합니다.

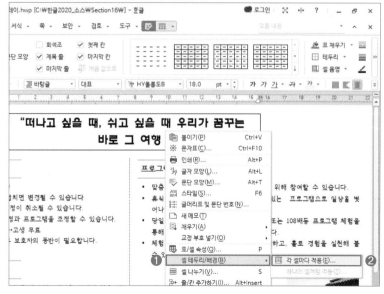

07 [셀 테두리/배경] 대화상자의 [테두리] 탭에서 테두리 종류는 '없음'으로 선택하고 왼쪽(▦), 오른쪽(▦), 위쪽(▦)을 클릭합니다.

08 다시 테두리 종류는 '이중 실선', 굵기는 '0.7mm', 색은 '남색(RGB: 58, 60, 132)50% 어둡게'를 선택하고, 아래쪽(▦)을 선택한 다음 [설정]을 클릭합니다.

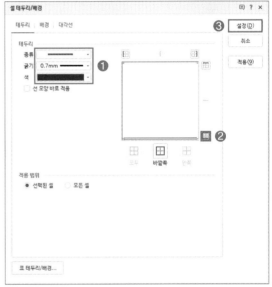

09 다음과 같이 제목 표가 완성된 것을 확인할 수 있습니다.

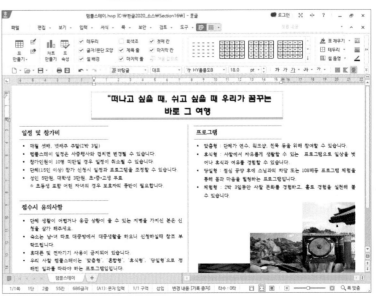

Power Upgrade

하나의 문서에 여러 단 설정하기

❶ 1페이지에서 [쪽]-[단]-[둘]을 클릭하여 단을 2단으로 나눕니다. 커서를 2페이지 맨 윗줄, 왼쪽 끝에 위치시킨 다음, [쪽]-[다단 설정 나누기]를 클릭합니다.

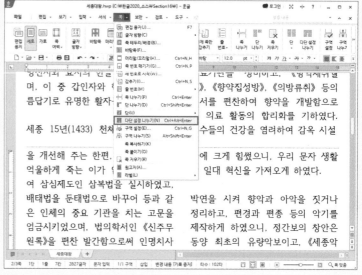

❷ [쪽]-[단]-[셋]을 클릭하여 단을 3단으로 나눕니다.

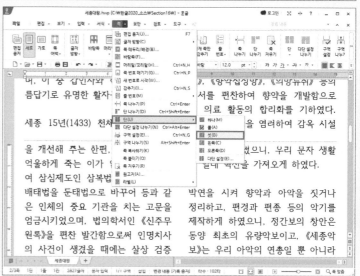

❸ 다음과 같이 2페이지의 단이 3단으로 설정된 것을 확인할 수 있습니다.

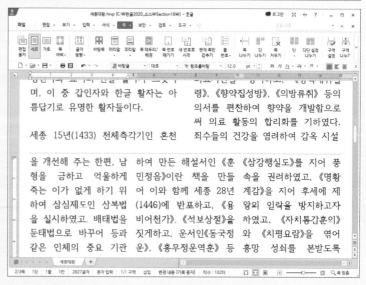

01 커서를 2단 맨 아래 줄로 이동한 다음 페이지를 나누기 위해 [쪽]–[쪽 나누기] 또는 **Ctrl** + **Enter** 를 누릅니다.

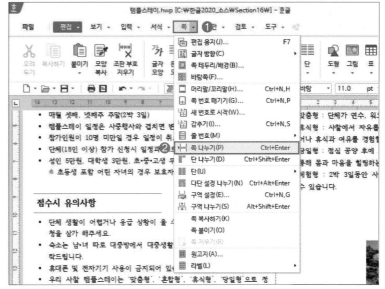

02 2페이지로 커서가 이동되면 페이지에 배경을 설정하기 위해 [쪽]– [쪽 테두리/배경]을 클릭합니다.

03 [쪽 테두리/배경] 대화상자의 [배경] 탭에서 '그러데이션'을 선택합니다. 시작 색과 끝 색을 지정하고, 유형은 '가로', 번짐 중심은 "60"으로 지정하고 [설정]을 클릭합니다.

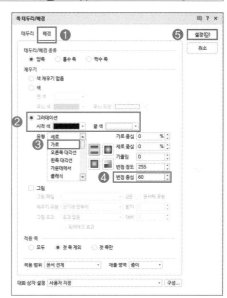

PLUS**T**IP

[쪽 테두리/배경] 대화상자의 [테두리] 탭에서도 문서에 테두리를 설정할 수 있습니다.

04 2페이지 1단에 그림을 삽입하기 위해 [입력]–[그림]–[그림]을 클릭합니다.

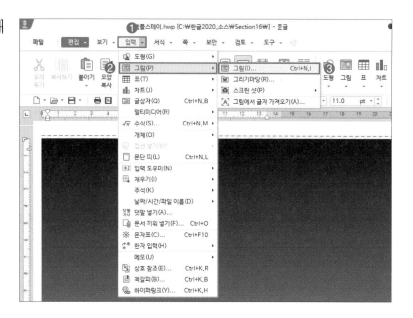

05 [그림 넣기] 대화상자에서 그림 저장 위치를 'C:₩한글2020_소스₩Section 16₩이미지' 폴더로 지정합니다. '연꽃.png'를 선택한 다음, '문서에 포함'과 '마우스로 크기 지정'에 체크 표시를 한 후 [열기]를 클릭합니다.

06 마우스로 적당한 크기로 드래그하여 그림을 삽입한 다음, 마우스 오른쪽 단추를 클릭하여 [개체 속성]을 선택합니다.

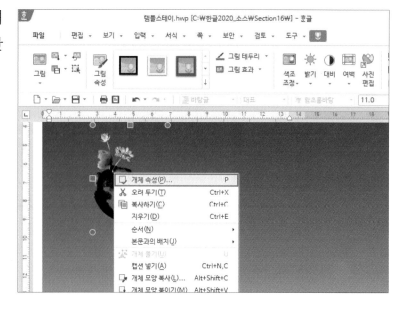

07 [표/셀 속성] 대화상자의 [기본] 탭에서 본문과의 배치를 ⊠ (자리차지)로 선택하고, 가로는 '단'의 '가운데', 세로는 '종이'의 '가운데'를 선택하고 [설정]을 클릭합니다.

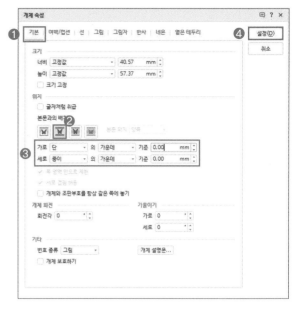

08 커서를 오른쪽 단으로 이동하기 위해 [쪽]–[단 나누기]를 클릭하거나 `Ctrl` + `Shfit` + `Enter` 를 누릅니다.

09 표를 이용하여 다음과 같이 내용을 작성하여 문서를 완성합니다.

1

2단 문서를 다음과 같이 만들어 보세요.

- 삽입이미지 : 교회.jpg
- 완성파일 : 교회주보.hwp

2

편집 용지(B5)를 설정한 다음, 오른쪽 다단을 이용하여 청첩장을 만들어 보세요.

- 삽입이미지 : 청첩장.jpg

3

쪽 테두리/배경을 이용하여 그러데이션 배경을 설정해 보세요.

- 완성파일 : 청첩장.hwp

1) 세종대왕.hwp 파일을 불러와 2단을 설정해 보세요.

세종대왕

조선조 제4대 임금. 성은 전주 이씨. 이름은 도. 자는 원정. 존시는 영문에 무인성명효대왕. 시호는 장헌. 묘호는 세종. 능호는 영릉. 태종의 셋째 아들. 어머니는 원경왕후 민씨. 비는 심온의 따님인 소헌왕후 심씨. 태종 8년(1408) 충녕군에 봉해지고, 태종 12년(1412) 충녕대군에 진봉. 태종 18년(1418) 음력 6월 맏형 양녕대군 제가 폐세자 됨에 따라 왕세자로 책봉되었다가 같은 해 음력 8월 22세의 나이로 태종의 양위를 받아 경복궁 근정전에서 즉위하였다.

세종 2년(1420) 집현전을 확충, 궁중에 설치하여 학자를 키우고, 학문을 숭상하며, 옛 제도를 연구 검토하게 함으로써 정치와 문물제도를 정리하여 행정체제를 확립하였다. 역사, 지리, 정치, 경제, 천문, 도덕, 예의, 문자, 유학, 문학, 종교, 군사, 농사, 의약, 음악 등에 관한 각종 저서를 하게 함으로써 문화 생활에 막중한 지침서가 되게 하였다.

한편 주자소를 설치하여 새 활자를 만들고 판짜기를 개량하여 인쇄 능률을 올렸는 바, 새로 주조한 활자는 동활자인 경자자, 갑인자와 납활자인 병진자와 효시의 한글 활자가 그것이며, 이 중 갑인자와 한글 활자는 아름답기로 유명한 활자들이다.

세종 15년(1433) 천체측각기인 혼천의와 간의, 물시계인 자격루를 만들고, 세종 16년(1434) 해시계인 앙부일구를 발명하고, 세종 23년(1441) 강우량 측정기인 측우기와 하천수를 재는 수표를 발명하였으며, 천문, 역서인 《칠정산내외편》과 《제가역상집》을 펴냈다. 그 중 측우기의 발명은 이탈리아 사람 베네데토 카스텔리(Benedeto Gastelli)의 측우기(1639)보다 거의 200년 앞선 세계 최초의 것이다.

화전, 화포를 개량하여 우리 나라 무기사상 일대 혁신을 가져왔다. 도량형(度量衡)의 고정 실시로 물량거래의 공정을 기하고, 경제적인 정책을 비롯한 여러 가지 정책상의 제도 마련 기준에 공헌하였다. 《농사직설》을 편찬 반포케 하여 농업 발전에 기여하고, 조세제도를 정할 때 온 백성의 민의를 파악하기 위하여 먼저 전국 8도의 관민에게 공법에 대한 가부를 조사(민주적 여론조사)하는 한편, 전제상정소를 설치하여 종래에 모순이

---

2) 2페이지는 3단으로 변경해 보세요.

많았던 조세제도를 연분구등, 전분육등의 54등급으로 확립 실시하여 조선조 5백년간의 조세제도를 확립하였다. 의료기관을 정비하고, 《향약채취월령》, 《향약집성방》, 《의방류취》 등의 의서를 편찬하여 향약을 개발함으로써 의료 활동의 합리화를 기하였다. 죄수들의 건강을 염려하여 감옥 시설을 개선해 주는 한편, 남형을 금하고 억울하게 죽는 이가 없게 하기 위하여 삼심제도인 삼복법을 실시하였고, 배태법을 둔태법으로 바꾸어 등과 같은 인체의 중요 기관을 치는 고문을 엄금시키었으며, 법의학서인 《신주무원록》을 편찬 발간함으로써 인명치사의 사건이 생겼을 때에는 살상 검증에 관한 검시의 제도를 실시하게 되니, 형정에 획기적 발전을 보게 되었다.

15세 미만인 어린이와 70세가 넘는 늙은이는 살인죄나 강도죄가 아니면 가두지 못하게 하고,

10세 이하와 80세 이상인 이는 사형에 해당되는 죄를 범했더라도 가두지 못하게 하였으며, 천민인 노비를 하늘이 낸 백성으로 인정해 주었다. 관비의 출산 휴가를 대폭 늘려 주었다.

세종 25년(1443) 친히 [훈민정음]을 창제 이에 대한 자세한 풀이를 집현전 학사 등에게 하게 하여 만든 해설서인 《훈민정음》이란 책을 만들어 이와 함께 세종 28년(1446)에 반포하고, 《용비어천가》, 《석보상절》을 짓게 하고, 운서인 《동국정운》, 《홍무정운역훈》 등을 편찬 발간하게 하는 한편 스스로 《월인천강지곡》을 지어 내기도 하였고, 한문으로 된 경서와 문학서 및 불경을 번역하게 하였으며, 또 이과와 이전 시험에 [훈민정음]을 시험 과목으로 정하는 등 훈민정음 보급에 크게 힘썼으니, 우리 문자 생활에 일대 혁신을 가져오게 하였다. 박연을 시켜 향악과 아

악을 짓거나 정리하고, 편경과 편종 등의 악기를 제작하게 하였으니, 정간보의 창안은 동양 최초의 유량악보이고, 《세종악보》는 우리 아악의 연총일 뿐 아니라 동양의 고전 음악 연구에 절대적인 자료이다.

역사 의식을 고취시키기 위하여 《고려사》 등을 편찬하고, 《효행록》과 《삼강행실도》를 지어 풍속에 권려하였고, 《명황계감》을 지어 후세에 제왕의 일락을 방지하고자 하였고, 《자치통감훈의》와 《치평요람》을 엮어 흥망 성쇠를 본받도록 하였고, 《역대병요》를 엮어 전쟁을 잊지 않도록 하였다. 전주 출척의 법이 지극히 정밀하고 잘 갖추어져 현량이 등용되었다.

종교에 있어서도 유교를 장려하여 도의 정치를 구현하는 한편 세종 6년(1424)에는 불사를 정리하여 선종 교종 36사만을 남겨 불도를 정하게 닦도록 하였으며, 세종

---

3) 3페이지는 배분 다단으로 설정해 보세요.

30년에는 경복궁 안에 내불당을 짓고, 불교 서적의 국역 간행 배포와 과거 승과를 설치하는 등 불교 발달에 노력하여 유교와 불교 내지 도교가 조화된 찬란한 문화를 이룩하게 되었다.

세종 원년(1419) 이종무로 하여금 대마도를 토벌하게 하여 항복을 받음은 물론 경상도에 예속시켰고, 세종 15년(1433)에 최윤덕에게 명하여 파저강(일대의 야인들을 토벌하여 사군을 설치하고, 세종 16년(1434)에는 김종서로 하여금 동북 변경 지방의 여진을 토벌하여 육진을 설치함으로써 동북과 서북쪽의 땅을 압록강과 두만강을 경계로 확장, 우리 강토의 방비를 튼튼히 하는 한편, 나라안의 지리를 조사하게 하여 지리지를 편찬하게 하고, 실측지도를 제작하게 하였으니, 그것이 정척과 양성지 등에 의해서 세조 9년(1463)에 편찬된 [동국지도]이다. 이렇듯 세종은 겨레 생활을 존중하는 모든 제도의 완성을 이루어 국태민안 문화 찬란의 황금시대를 이룩하였다

자료출처
[네이버 지식백과] 세종대왕 [世宗大王]

• 완성파일 : 세종대왕_완성.hwp

Section 17

조판 기능 설정하기

머리말과 꼬리말 기능을 이용하여 책의 제목, 쪽 번호 등의 페이지마다 고정적으로 반복되는 내용을 삽입할 수 있습니다. 문서에 쪽 번호를 자동 설정할 수 있으며, 문서 전체 페이지에 공통으로 적용되는 디자인을 바탕쪽에서 설정할 수 있습니다.

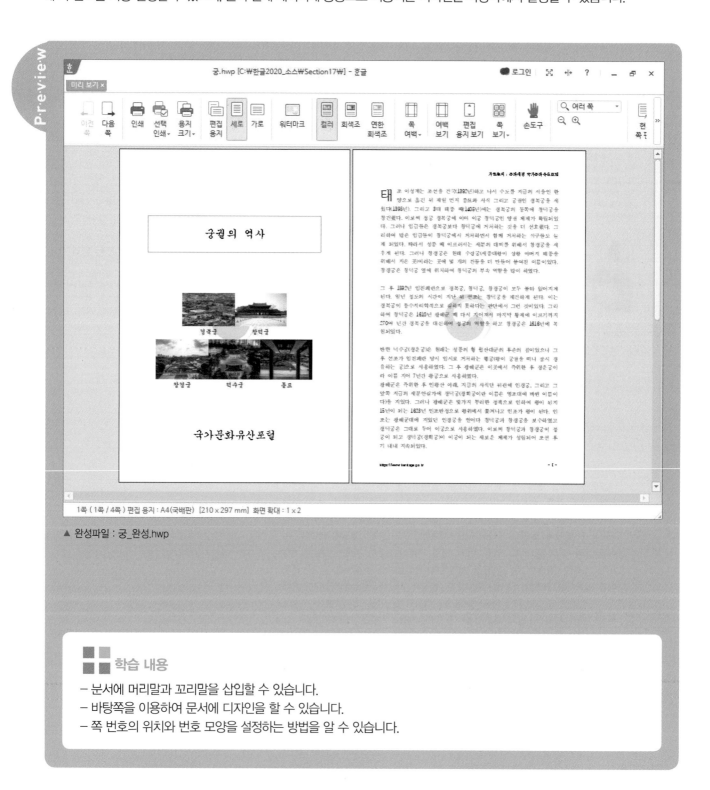

▲ 완성파일 : 궁_완성.hwp

학습 내용

- 분서에 머리말과 꼬리말을 삽입할 수 있습니다.
- 바탕쪽을 이용하여 문서에 디자인을 할 수 있습니다.
- 쪽 번호의 위치와 번호 모양을 설정하는 방법을 알 수 있습니다.

01 'C:₩한글2020_소스₩Section17'에서 '궁.hwp' 파일을 불러온 다음, 머리말을 삽입하기 위해 [쪽]-[머리말/꼬리말]을 클릭합니다.

PlusTip

머리말/꼬리말 단축키 : Ctrl + N , H

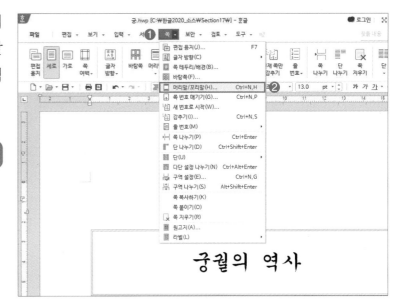

02 [머리말/꼬리말] 대화상자에서 종류는 '머리말', 위치는 '양쪽'을 선택하고 [만들기]를 클릭합니다.

PlusTip

머리말/꼬리말 시작 위치 : [머리말], [꼬리말]은 커서가 있는 페이지에 삽입됩니다. 예를 들어 커서를 문서의 2페이지에 두고 [머리말] 또는 [꼬리말]을 삽입하면 2쪽부터 [머리말], [꼬리말]이 나타납니다.

03 머리말 입력 화면에서 "자료출처 : 문화재청 국가문화포털"을 입력합니다. 블록을 설정한 다음, 서식 도구 모음에서 글꼴은 '휴먼명조', 크기는 '10pt', 정렬은 '오른쪽 정렬'로 설정한 후 ◀️(닫기)를 클릭합니다.

PlusTip

닫기 단축키 : Shift + Esc

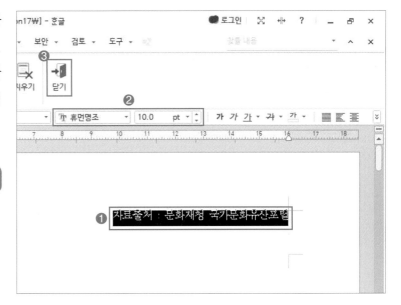

04 이번에는 꼬리말을 삽입하기 위해 [쪽]-[머리말/꼬리말]을 클릭합니다.

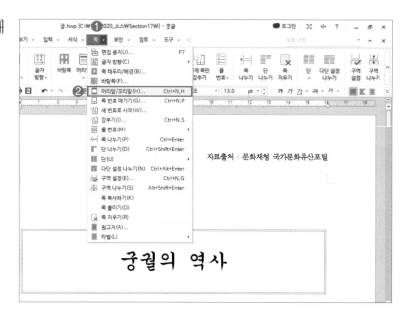

05 [머리말/꼬리말] 대화상자에서 종류는 '꼬리말', 위치는 '양쪽'을 선택하고 [만들기]를 클릭합니다.

06 입력 화면에서 다음과 같이 "http://www.heritage.go.kr"을 입력합니다. 꼬리말에 블록을 설정한 다음, 서식 도구 모음에서 글꼴은 '휴먼명조', 크기는 '10pt'로 설정한 후 (닫기)를 클릭합니다.

Power Upgrade

머리말/꼬리말 수정하기

쪽 윤곽 보기 상태에서 수정할 머리말 부분이나 꼬리말 부분을 더블 클릭하여 수정할 수 있습니다.

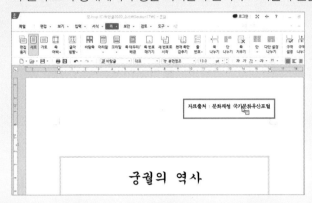

머리말/꼬리말 삭제하기

삭제할 머리말이나 꼬리말 부분을 더블 클릭한 다음, [머리말/꼬리말] 탭에서 ▣ (지우기)를 클릭합니다. 머리말 삭제 유무를 묻는 창이 나타나면 [지움]을 클릭합니다.

쪽 윤곽 Ctrl + G , L

인쇄하기 전에 용지의 여백이나 머리말/꼬리말 등이 어떤 모양으로 인쇄될지 미리 보고 싶으면 [보기]- [쪽 윤곽]을 클릭하여 '쪽 윤곽 보기 상태'로 만듭니다. '쪽 윤곽 보기'를 하면 인쇄해야만 나타나는 용지 여백이나 머리말/꼬리말, 쪽 테두리 등, 그 페이지에 인쇄될 모든 내용과 모양을 화면으로 직접 보면서 편집을 할 수 있어 편리합니다.

01 바탕쪽을 설정하기 위해 [쪽]-[바탕쪽]을 클릭합니다.

02 [바탕쪽] 대화상자에서 종류는 '양쪽'을 선택하고 [만들기]를 클릭합니다.

03 그림을 삽입하기 위해 [입력] 메뉴 탭에서 ▦ (그림)을 클릭합니다. [그림 넣기] 대화상자에서 'C:₩한글2020_소스₩Section 17₩이미지' 폴더의 '행정안전부.jpg'를 선택합니다. '문서에 포함'과 '마우스 크기로 지정'에 체크 표시를 한 다음, [열기]를 클릭합니다.

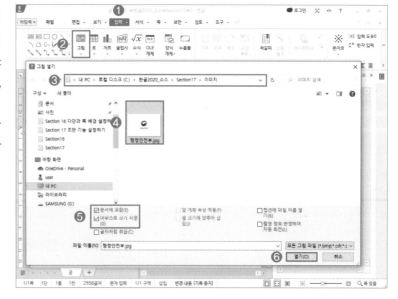

04 마우스로 드래그하여 그림을 삽입한 다음, (그림) 메뉴 탭에서 (자르기)를 클릭합니다. 이미지의 자르기 테두리를 다음과 같이 마크 부분까지 드래그한 다음 편집 화면을 클릭합니다.

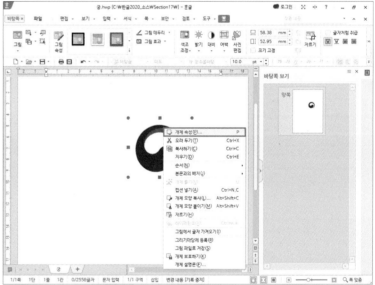

05 그림 크기를 적당히 조절한 다음, 마우스 오른쪽 단추를 클릭하여 [개체 속성]을 선택합니다.

06 [개체 속성] 대화상자의 [기본] 탭에서 본문과의 배치는 가로와 세로를 모두 '종이'의 '가운데'로 지정합니다.

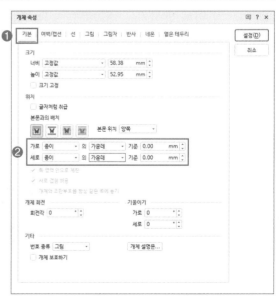

07 [그림] 탭에서 그림 효과는 '회색조'를 선택하고, '워터마크 효과'에 체크 표시를 한 후 [설정]을 클릭합니다.

PlusTip

워터마크 : 그림에 '밝기 : 70, 명암 : −50'의 효과를 주어, 밝고 명암 대비가 작은 그림 효과를 설정합니다.

08 [바탕쪽] 탭에서 (첫쪽 제외)를 선택한 다음, (닫기)를 클릭합니다.

PlusTip

(첫쪽 제외)를 클릭하면 문서의 표지에는 바탕쪽 디자인을 표시하지 않습니다.

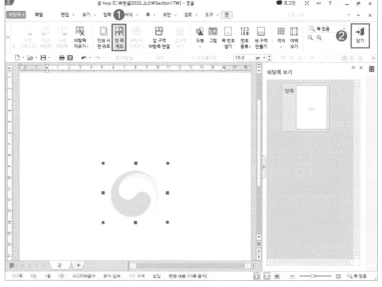

09 첫 번째 페이지를 제외하고 모든 페이지의 문서 가운데에 행정안전부 로고가 표시된 것을 확인할 수 있습니다.

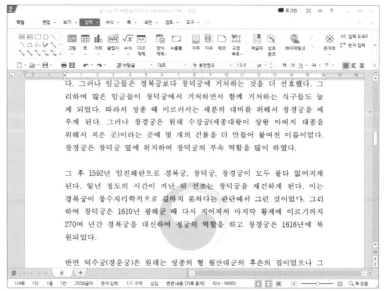

따라하기 03 쪽 번호 매기기와 감추기

01 쪽 번호를 매기기 위해 [쪽]-[쪽 번호 매기기]를 클릭합니다.

Plus Tip

쪽 번호 매기기 단축키 : Ctrl + N , P

02 [쪽 번호 매기기] 대화상자에서 번호 위치와 번호 모양을 지정한 후 [넣기]를 클릭합니다.

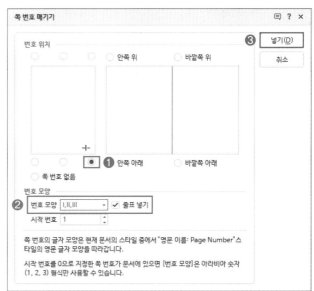

03 페이지 아래 부분에 페이지 번호가 표시된 것을 확인할 수 있습니다. 문서의 첫 페이지는 제목이 들어가는 표지 개념으로 만드는 경우가 많습니다. 이런 경우 첫 페이지에는 머리말이나 꼬리말이 나타나지 않는 것이 좋습니다. 첫 페이지의 쪽 번호와 머리말, 꼬리말을 숨기기 위해 [쪽]-[감추기]를 클릭합니다.

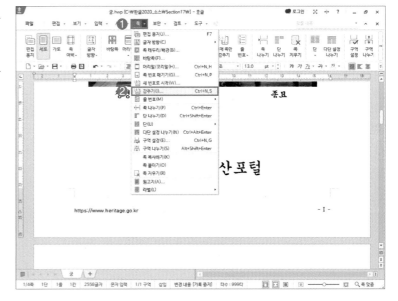

04 [감추기] 대화상자에서 감출 내용은 '머리말', '꼬리말', '쪽 번호'를 선택하고 [설정]을 클릭합니다.

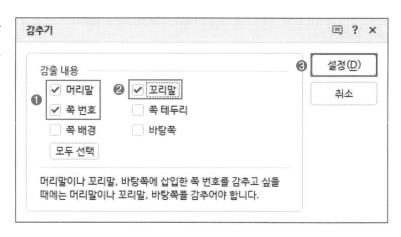

05 표지를 제외한 본문부터 쪽 번호를 매기려면 재설정을 해야 합니다. 2페이지의 페이지 번호를 바꾸기 위해 [쪽]−[새 번호로 시작]을 클릭합니다.

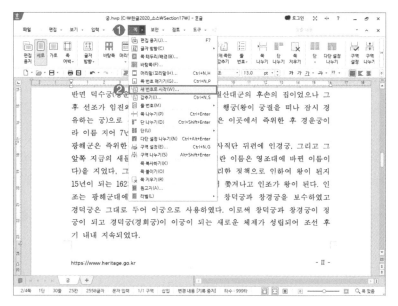

06 [새 번호로 시작] 대화상자에서 번호 종류를 '쪽 번호'로 선택하고, 시작 번호를 "1"로 설정한 후 [넣기]를 클릭합니다.

07 작성한 문서의 인쇄 모양을 확인하기 위해 [파일]-[미리보기]를 클릭합니다.

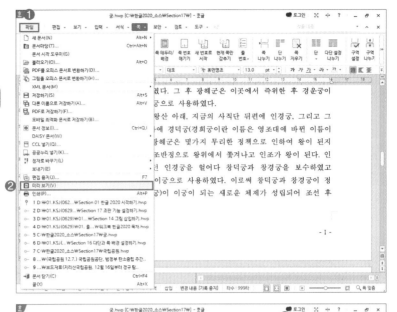

08 미리보기 화면에서 ⊞ (쪽 보기)-[여러 쪽]을 클릭하여 '1줄 2칸'을 클릭합니다.

09 다음과 같이 미리 보기 화면에 2 페이지씩 편집한 문서의 모양을 확인할 수 있습니다.

1

건강IN.hwp 파일을 불러와 머리말을 삽입해보세요.

자료출처 : 국민건강보험

탄소 발자국을 줄이는
식생활

인류가 하루 세 끼를 친환경적으로 해결하려 노력한다면
기후 위기로부터 벗어나 지구를 구할 수 있지 않을까.
식(食)은 인간이 생존하는 데 꼭 필요한 활동이며
먹거리를 생산하고 유통하고 소비하는 과정에서 많은 탄소가 배출된다.
식생활에서 탄소 발자국을 줄이려면 무엇을 실천해야 할까.

푸드 마일리지를 줄이자

'푸드 마일리지'는 먹거리가 이동하는 거리를 뜻한다. 농축수산물이 산지에서 생산되어 최종 소비자에 닿기까지 이동한 거리이다. 먹거리의 수송에는 이산화탄소 배출이 따르고, 먼 거리를 이동할수록 탄소 배출량이 증가해 지구환경을 오염시킨다. 지구 반대편에서 자란 과일과 소고기를 마트에서 쉽게 구입할 수 있는 세상이지만, 그 이면에는 '탄소'라는 환경오염의 주범이 자리하고 있다. 푸드 마일리지가 높은, 즉 장시간 이동한 식품일수록 신선도와 영양 등이 떨어지기 쉬우며 부패 등을 막기 위해 유해물질을 사용했을 우려 또한 높다.

가까운 곳에서 생산한 로컬푸드를 이용하면 푸드 마일리지를 낮출 수 있을 뿐만 아니라 신선하고 안전한 식품을 섭취할 수 있다. 자신이 거주하고 있는 곳이나 가까운 지역에서 나오는 먹거리에는 어떤 것이 있는지 살펴보고 식단을 구성하면 좋을 것이다. 푸드 마일리지를 낮추는 가장 확실한 방법은 내 집에 텃밭을 두어 먹거리를 길러서 먹는 것이다.

쟁여두지 말고 남기지 않고

음식을 먹을 때는 남기지 않아야 한다. 버려지는 음식에서 발생하는 온실가스 배출을 줄일 수 있다. 냉장고 안에 방치해두었다가 부패해서 버려지는 식재료도 마찬가지. 냉장고 안에 뭐가 있는지도 모른 채 자꾸 새것을 사서 쟁여두는 습관을 버리고 신선한 재료를 필요한 만큼만 구입해서 이용하도록 하자.

한편 가공과정을 거쳐서 만드는 가공식품은 자연식품에 비해 탄소 배출량이 많을 수밖

2

다음과 같이 페이지 번호를 설정해 보세요.

자료출처 : 국민건강보험

탄소 발자국을 줄이는
식생활

인류가 하루 세 끼를 친환경적으로 해결하려 노력한다면
기후 위기로부터 벗어나 지구를 구할 수 있지 않을까.
식(食)은 인간이 생존하는 데 꼭 필요한 활동이며
먹거리를 생산하고 유통하고 소비하는 과정에서 많은 탄소가 배출된다.
식생활에서 탄소 발자국을 줄이려면 무엇을 실천해야 할까.

푸드 마일리지를 줄이자

'푸드 마일리지'는 먹거리가 이동하는 거리를 뜻한다. 농축수산물이 산지에서 생산되어 최종 소비자에 닿기까지 이동한 거리이다. 먹거리의 수송에는 이산화탄소 배출이 따르고, 먼 거리를 이동할수록 탄소 배출량이 증가해 지구환경을 오염시킨다. 지구 반대편에서 자란 과일과 소고기를 마트에서 쉽게 구입할 수 있는 세상이지만, 그 이면에는 '탄소'라는 환경오염의 주범이 자리하고 있다. 푸드 마일리지가 높은, 즉 장시간 이동한 식품일수록 신선도와 영양 등이 떨어지기 쉬우며 부패 등을 막기 위해 유해물질을 사용했을 우려 또한 높다.

가까운 곳에서 생산한 로컬푸드를 이용하면 푸드 마일리지를 낮출 수 있을 뿐만 아니라 신선하고 안전한 식품을 섭취할 수 있다. 자신이 거주하고 있는 곳이나 가까운 지역에서 나오는 먹거리에는 어떤 것이 있는지 살펴보고 식단을 구성하면 좋을 것이다. 푸드 마일리지를 낮추는 가장 확실한 방법은 내 집에 텃밭을 두어 먹거리를 길러서 먹는 것이다.

쟁여두지 말고 남기지 않고

음식을 먹을 때는 남기지 않아야 한다. 버려지는 음식에서 발생하는 온실가스 배출을 줄일 수 있다. 냉장고 안에 방치해두었다가 부패해서 버려지는 식재료도 마찬가지. 냉장고 안에 뭐가 있는지도 모른 채 자꾸 새것을 사서 쟁여두는 습관을 버리고 신선한 재료를 필요한 만큼만 구입해서 이용하도록 하자.

한편 가공과정을 거쳐서 만드는 가공식품은 자연식품에 비해 탄소 배출량이 많을 수밖

①

3

바탕쪽 기능으로 공단 로고를 문서 가운데에 삽입해보고, 미리보기에 맞쪽으로 확인해 보세요.

• 삽입이미지 : 공단로고.jpg

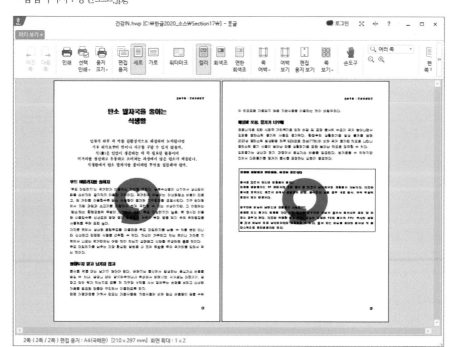

1) 반려견건강.hwp 파일을 불러와 바탕쪽을 이용하여 도형으로 다음과 같이 배경을 디자인해 보세요.

2) 머리말과 꼬리말, 쪽 번호를 삽입해 보세요.

3) 다음과 같이 3페이지 전체를 미리보기로 확인해 보세요.

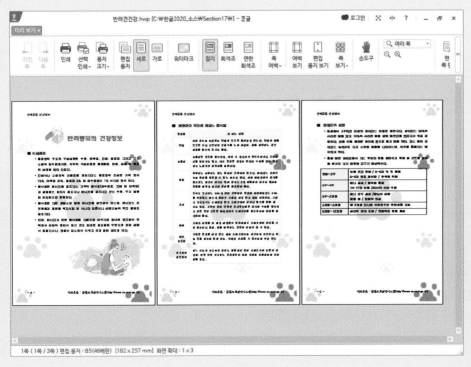

18 책갈피와 하이퍼링크 설정하기

책을 읽을 때 중간에 책갈피를 꽂아 두고 필요할 때마다 들춰 보면 편리하듯 문서를 편집하는 도중에 본문의 여러 곳에 표시를 해 두었다가 현재 커서의 위치에 상관없이 표시해 둔 곳으로 커서를 곧바로 이동시킬 수 있습니다. 하이퍼링크는 문서의 특정한 위치에 현재 문서나 다른 문서, 웹 페이지 등을 연결하여 쉽게 참조하거나 이동할 수 있습니다.

궁궐의 역사

경북궁   창덕궁

창경궁   덕수궁   종묘

국가문화유산포털

 학습 내용

– 책갈피 설정하는 방법에 대해 알 수 있습니다.
– 설정해 놓은 책갈피로 바로 이동할 수 있습니다.
– 하이퍼링크로 인터넷이나 현재 책갈피 표시 있는 곳으로 연결할 수 있습니다.

01 'C:₩한글2020_소스₩Section18'에서 '궁궐이야기.hwp' 파일을 불러옵니다. 4페이지로 커서를 이동시키기 위해 [편집]-[찾기]-[찾아가기]를 클릭합니다.

Plus**T**ip

찾아가기 단축키 : Alt + G

02 [찾아가기] 대화상자에서 '쪽'을 선택하고, "4"를 입력한 후 [가기]를 클릭합니다.

03 커서가 4페이지 중간 제목 앞으로 이동하면 책갈피를 설정하기 위해 [입력]-[책갈피]를 클릭합니다.

Plus**T**ip

책갈피 단축키 : Ctrl + K , B

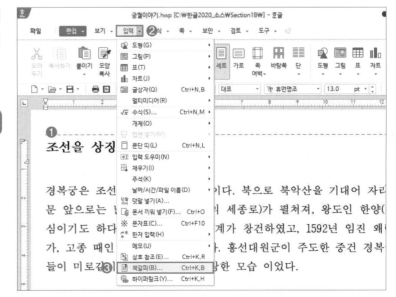

04 [책갈피] 대화상자에서 책갈피 이름을 확인한 후 [넣기]를 클릭합니다.

05 책갈피가 삽입되었는지 확인하기 위해 [보기]-[표시/숨기기]-[조판 부호]를 클릭합니다.

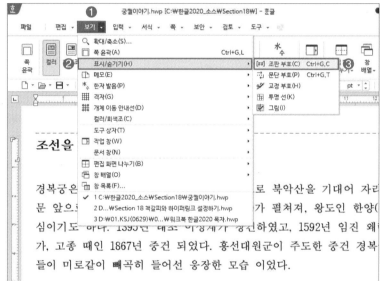

06 다음과 같이 중간 제목 앞에 '[책갈피]' 가 표시된 것을 확인할 수 있습니다. 조판 부호를 해제하려면 [보기] 메뉴 탭에서 '조판 부호'의 체크 표시를 클릭하여 해제합니다.

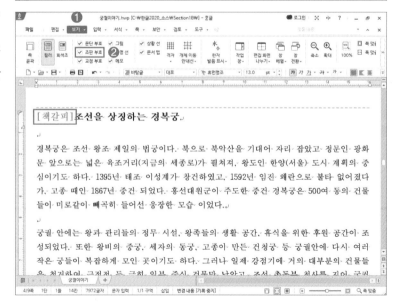

07 커서를 다음 중간 제목으로 이동하기 위해 Alt + G 를 누릅니다. [찾아가기] 대화상자에서 '쪽'을 선택하고 페이지 번호 "5"를 입력한 후 [가기]를 클릭합니다.

08 커서가 5페이지 중간 제목 앞으로 이동하면 책갈피를 설정하기 위해 [입력]-[책갈피]를 클릭합니다.

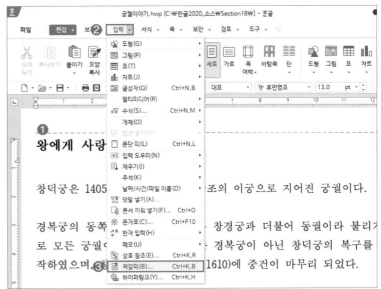

09 [책갈피] 대화상자에서 책갈피 이름을 확인한 후 [넣기]를 클릭합니다.

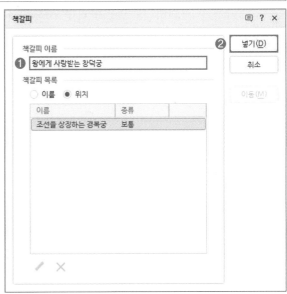

10 같은 방법으로 7페이지, 8페이지, 9페이지의 중간 제목을 다음과 같이 책갈피로 등록합니다.

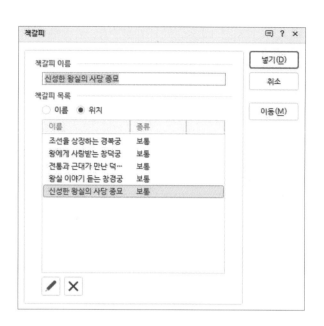

11 원하는 중간 제목으로 이동하기 위해 Alt + G 를 누릅니다. [찾아가기] 대화상자에서 '책갈피'를 선택한 다음, '전통과 근대가 만나는 덕수궁'을 선택한 후 [가기]를 클릭합니다.

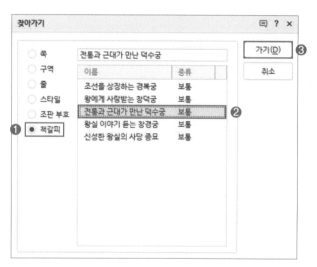

12 커서가 선택한 책갈피 위치로 이동된 것을 확인할 수 있습니다.

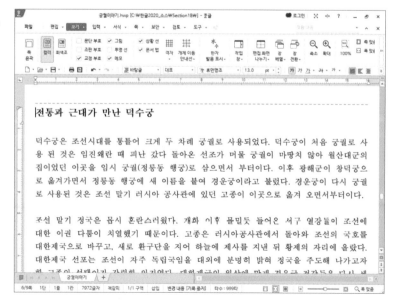

책갈피 이름 바꾸기

[책갈피] 대화상자에서 이름을 바꿀 책갈피를 선택하고 ✏ (책갈피 이름 바꾸기)를 클릭합니다. [책갈피 이름 바꾸기] 대화상자에서 새 책갈피 이름을 입력하고 [확인]을 클릭합니다.

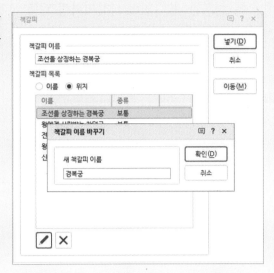

[책갈피] 지우기

[책갈피] 대화상자에서 지울 책갈피를 선택하고 ✕ (책갈피 지우기)를 클릭합니다. 책갈피 삭제 유무를 묻는 창이 나타나면 [지움]을 클릭합니다.

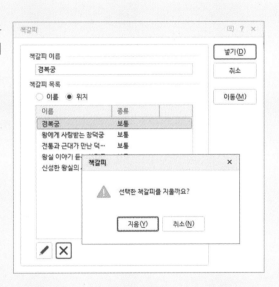

01 1페이지로 이동한 다음, '경북궁'을 블록 설정한 후, [입력]–[하이퍼링크]를 클릭합니다.

PlusTip

하이퍼링크 단축키 : Ctrl + K , H

02 [하이퍼링크] 대화상자에서 연결 대상은 [흔글문서] 탭을 선택합니다. 책갈피 아래 표시된 목록에서 '조선을 상징하는 경복궁'을 선택하고 [넣기]를 클릭합니다.

[웹주소] 탭을 이용하면 클릭 시 지정한 사이트로 바로 연결되어 나타나도록 할 수 있습니다.

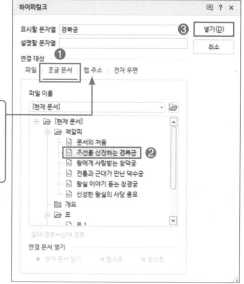

03 하이퍼링크로 연결된 부분이 파란색으로 표시되고, 마우스 포인터를 위치시키면 마우스 포인터 모양이 바뀝니다. 연결을 확인하기 위해 클릭합니다.

04 커서가 하이퍼링크로 연결된 책갈피 위치로 이동되는 것을 확인할 수 있습니다.

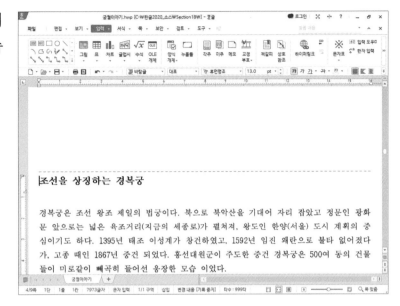

05 같은 방법으로 다음과 같이 하이퍼링크로 연결하여 완성합니다.

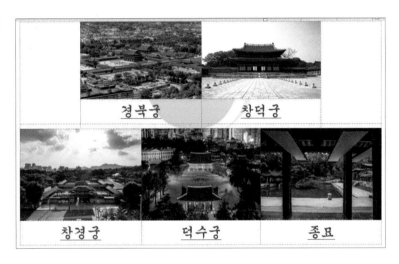

하이퍼링크 수정하기/삭제하기

하이퍼링크가 설정되어 있는 곳에서 마우스 오른쪽 단추를 클릭하여 [하이퍼링크 지우기]를 클릭하여 하이퍼링크를 삭제할 수 있습니다. 만약 하이퍼링크를 수정하려면 [하이퍼링크 고치기]를 클릭한 다음, 나타나는 [하이퍼링크 고치기] 대화상자에서 이동할 책갈피를 선택한 후 [고치기]를 클릭합니다.

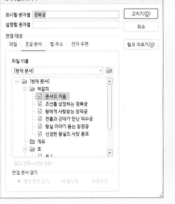

기초문제

1

'사이버범죄.hwp' 파일을 불러와 찾아가기 기능으로 3페이지로 이동해 보세요.

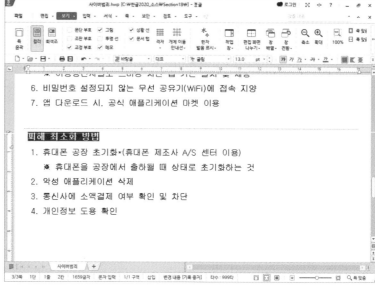

2

다음과 같이 각 페이지의 중간 제목으로 책갈피를 설정해 보세요.

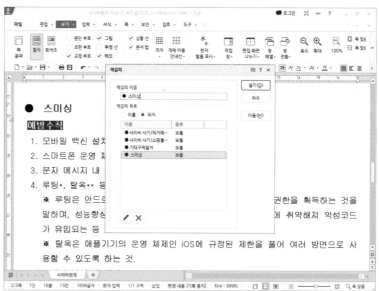

3

다음과 같이 표를 삽입하여 책갈피 설정한 곳과 하이퍼링크를 설정해 보세요.

• 완성파일 : 사이버범죄_완성.hwp

심화문제

1) 반려견건강정보.hwp 파일을 불러와 도형과 그림을 이용하여 다음과 같이 표지를 만들어 보세요.

2) 2페이지부터 4페이지까지 중간 제목에 책갈피를 설정하여 하이퍼링크로 연결해 보세요.

3) 그림을 클릭하면 "http://www.animal.go.kr" 사이트로 연결되도록 설정해 보세요.
   - 완성파일 : 반려견건강정보_완성.hwp

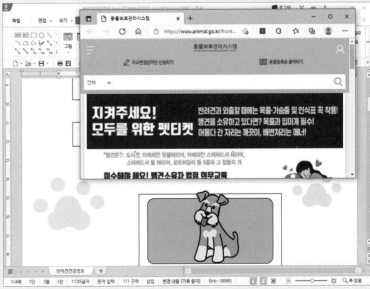

힌트

• 그림에 하이퍼링크를 설정할 경우 Ctrl 을 누른 상태로 하이퍼링크가 설정된 그림을 클릭해야 해당 사이트로 연결됩니다.

19 각주와 차례 만들기

본문 내용에 대한 보충 설명을 페이지 아래에 자세히 설명하거나 인용한 자료의 출처 등을 각주로 삽입할 수 있습니다. 또한 본문의 제목, 표, 그림, 수식 등이 어느 쪽에 있는지 페이지 번호를 붙여 차례를 빠르게 만들 수 있습니다.

Preview

목 차

▲ 완성파일 : 국립공원_완성.hwp

자료출처 : https://www.knps.or.kr

1. 우리나라 국립공원

(1) 국립공원은?

1872년 옐로우스톤(Yellowstone)①이 세계 최초 국립공원으로 지정되면서 국립공원 제도가 전 세계로 확산되었으며, 현대에 와서는 파괴되어가는 자연생태계와 환경, 문화·역사 유산의 보전을 목적으로 공원관리가 이루어지고 있습니다. 우리나라에서는 지리산이 제 1호 국립공원으로 지정되면서 제도 도입이 이루어져 현재 22개의 국립공원이 지정·관리되고 있습니다.

1967년 법률 제 1909호로 우리나라에 국립공원 제도 도입
1967년 국립공원위원회의 공원지정 결의와 국토종합계획심의회 통과 후 지리산을 제 1호 국립공원으로 지정

(2) 국립공원의 기능

국립공원은 산업발전에 따라 자칫 소홀해 질 수 있는 자연과 환경에 대한 보전을 전제로 국민의 보건·복지에 기여할 수 있는 밑거름이자 미래세대로 물려줄 소중한 유산입니다.
- 풍부한 종다양성을 지닌 자연 생태지역으로서 미래를 위한 유전자원의 보고
- 청정한 자연환경과 수려한 경관지를 공공에 개방하고 제공하는 국민의 휴식처
- 다른 지역에서는 불가능한 자연과 생명의 신비에 대한 조사·인구를 통해 공공의 이익에 기여
- 보전의 결과로 다양한 자연적·문화적 정서함양을 위한 교육의 장 제공

(3) 국립공원의 관리주체

현재 국립공원은 국가관리 원칙에 따라 소관부서는 환경부이며, 산하기관인 국립공원공단이 전국 22개 국립공원 중 21개를 관리하고 있으며, 도서지역인 한라산국립공원 1개 공원만 지방 자치단체인 제주특별자치도에서 관리하고 있습니다.

(4) 국립공원의 지정

국립공원은 우리나라의 자연생태계와 문화경관을 대표할 만한 자원의 보고로서 환경부장관이 지정합니다. 국립공원의 지정은 자연공원법령의 규정에 따라 아래 다섯 가지의 필수 요건을 만족하여야 합니다.
- 자연생태계 : 자연생태계의 보전상태가 양호하거나 멸종위기 야생동·식물, 천연기념물,

① 미국 와이오밍 주와 몬테나 주, 그리고 아이다호 주가 만나는 지점에 위치한 미국 최초, 최대의 국립공원

- 1 -

학습 내용

- 각주를 삽입하고, 각주 번호를 변경할 수 있습니다.
- 본문의 차례를 빠르게 만들 수 있습니다.

01 'C:\한글2020_소스\Section19'에서 '국립공원.hwp' 파일을 불러옵니다. 각주를 삽입할 단어인 '옐로우스톤(Yellowstone)' 뒤에 커서를 위치시키고, [입력]-[주석]-[각주]를 클릭합니다.

Plus Tip

각주 단축키 : Ctrl + N , N

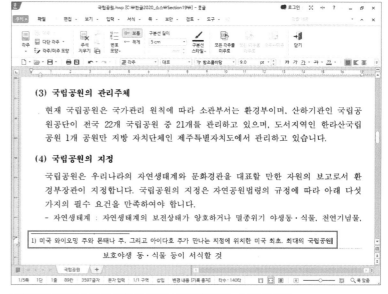

02 문서 아래 각주 입력란에 다음과 같이 각주 내용을 입력합니다.

03 각주 위치를 변경하기 위해 [주석] 탭에서 ▤ (각주)-[본문 아래]를 클릭합니다.

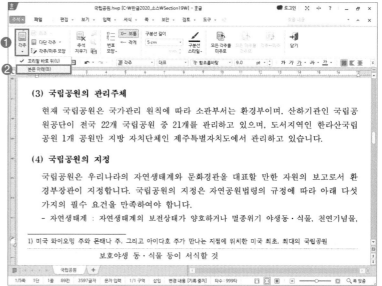

04 각주 번호를 ①, ②, ③ 등으로 바꾸고 싶으면 ≒ (번호 모양)을 클릭하여 각주 번호 모양 목록에서 '①, ②, ③'을 선택합니다.

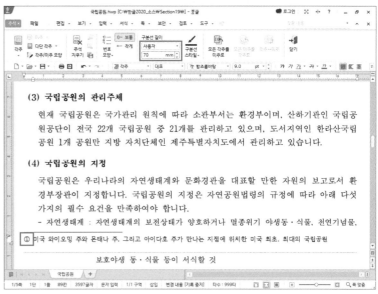

05 각주 번호가 ①로 바뀌었습니다. 각주를 보기 좋게 하기 위해 디자인할 수도 있습니다. [주석] 메뉴 탭에서 구분선 길이를 '사용자'로 선택한 다음, "70"을 입력하고 **Enter** 를 눌러 각주 구분선 길이를 조절합니다.

06 각주 내용을 블록 설정한 다음, 서식 도구 상자에서 글꼴을 '굴림'으로 설정한 다음 ▦ (닫기)를 클릭합니다.

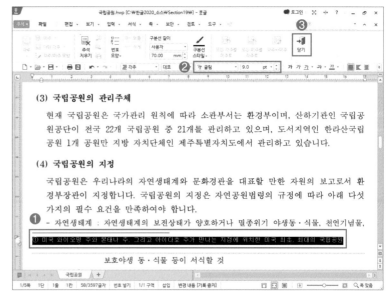

07 각주 작업이 완료되면서 다음과 같이 각주 번호가 '옐로우스톤(Yellowstone)' 뒤에 표시된 것을 확인 할 수 있습니다.

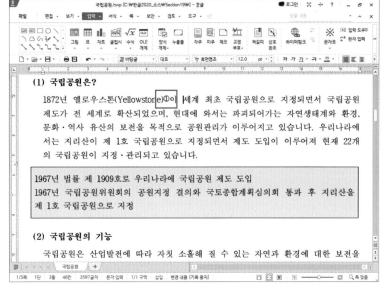

08 화면을 아래로 이동하면 각주 내용이 삽입된 것을 확인할 수 있습니다.

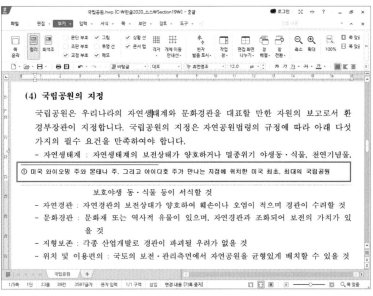

Power Upgrade

각주 수정하기

문서 아래 표시된 각주 내용을 더블 클릭하면 각주를 수정할 수 있습니다.

각주 삭제하기

본문에 표시된 각주 번호를 Delete 나 Back Space 를 눌러 삭제하면 각주 삭제 유무를 묻는 창이 나타납니다. [지움]을 클릭하면 각주가 삭제됩니다.

01 '국립공원.hwp' 파일의 표지 다음에 차례 페이지를 만들어 넣기로 합니다. 1페이지 문서 아래에 커서를 위치시킨 다음, Ctrl + Enter 를 눌러 차례가 삽입될 빈 페이지를 삽입합니다.

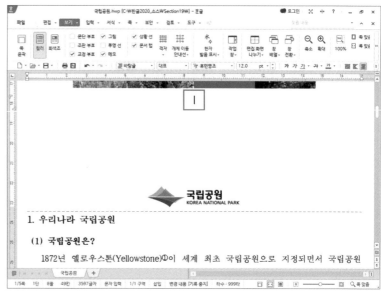

02 빈 페이지가 삽입되면 다음과 같이 표기능을 이용하여 목차 제목을 만듭니다.

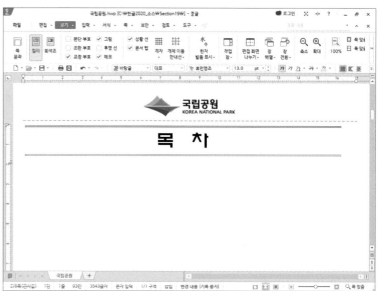

03 '1. 우리나라 국립공원' 앞에 커서를 위치시킨 다음, [도구]-[차례/색인]-[제목 차례 표시]를 클릭합니다.

PLUS **T**IP

제목 차례 표시 단축키: Ctrl + K , T

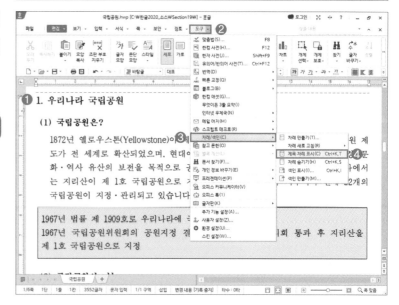

04 제목 차례 표시가 달린 것을 확인하려면 [보기] 메뉴 탭에서 '조판 부호'에 체크 표시를 합니다.

[제목차례] 조판 부호가 표시됩니다.

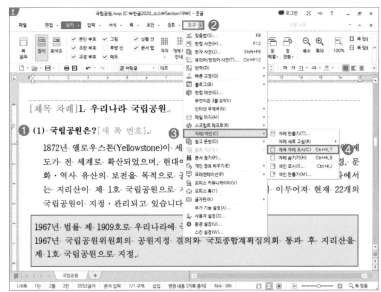

05 '(1) 국립공원은?' 앞에도 커서를 위치시킨 다음, [도구]-[차례/색인]-[제목 차례 표시] 또는 Ctrl + K , T 를 누릅니다.

06 같은 방법으로 제목을 만들 위치에 커서를 위치시킨 다음, [도구]-[차례/색인]-[제목 차례 표시] 또는 Ctrl + K , T 를 눌러 차례대로 제목 차례를 표시합니다.

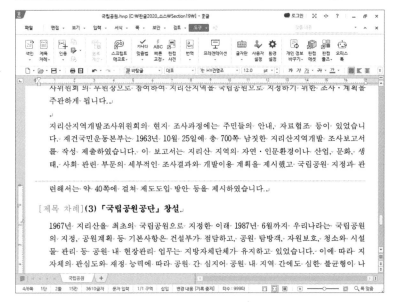

07 커서를 차례가 삽입될 위치인 2쪽으로 이동한 다음, [보기] 메뉴 탭에서 '조판 부호'에 체크 표시를 해제합니다. [도구]-[차례/색인]-[차례 만들기]를 클릭합니다.

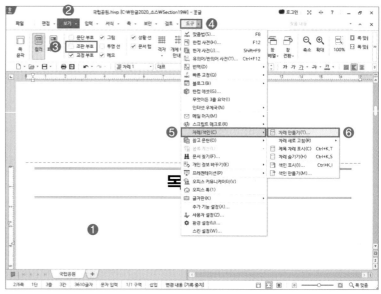

08 [차례 만들기] 대화상자에서 차례 형식 은 '필드로 넣기', 만들 차례는 '차례 코드 모으기'를 선택하고, 탭 모양은 '오른쪽 탭'을 클릭한 다음, 채울 모양은 '점선'을 선택합니다. 만들 위치는 '현재 문서의 커서 위치'로 지정하고 [만들기]를 클릭합니다.

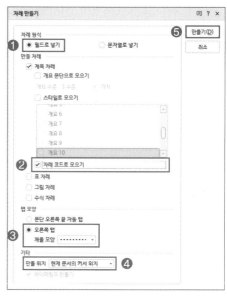

09 다음과 같이 차례가 삽입되면 글꼴 서식과 문단 서식을 설정하여 완성합니다.

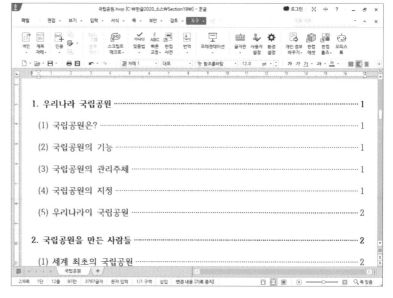

Power Upgrade

[차례 만들기] 대화상자 알아보기

■ 차례 형식

필드로 넣기 : 차례 필드를 사용하여 차례 영역을 만들며, 차례 새로 고침 기능을 사용할 수 있습니다.

문자열로 넣기 : 문자열로 된 차례를 만듭니다.

■ 만들 차례

제목 차례	개요 문단으로 모으기, 스타일로 모으기, 차례 코드로 모으기 중 하나 또는 중복 선택하여 제목 차례를 만들 수 있습니다.
개요 문단으로 모으기	개요 문단으로 차례를 만들 수 있습니다. 개요 문단을 가지고 제목 차례를 만들려면 먼저 제목이 있는 줄이 개요 문단 속성을 가지고 있어야 합니다.
스타일로 모으기	스타일이 적용된 문단으로 차례를 만들 수 있습니다.
차례 코드로 모으기	차례 코드가 삽입된 문단으로 차례를 만들 수 있습니다. 차례 코드 문단을 가지고 제목 차례를 만들려면 먼저 제목이 있는 줄에 차례 코드가 삽입되어 있어야 합니다.
표 차례	현재 문서에 표에 삽입된 캡션으로 차례를 만듭니다.
그림 차례	현재 문서에 삽입된 그림의 캡션으로 차례를 만듭니다.
수식 차례	현재 문서에 삽입된 수식의 캡션으로 차례를 만듭니다.

■ 탭 모양

문단 오른쪽 끝 자동 탭	문단의 오른쪽 끝에 맞추어 오른쪽 탭을 하나 넣어 준 후 쪽 번호를 삽입합니다. '문단 오른쪽 끝 자동 탭'을 선택하면 채울 모양을 설정할 수 없습니다.
오른쪽 탭	쪽 번호를 넣을 때 오른쪽 끝 부분을 가지런히 맞추어서 삽입합니다.
채울 모양	제목 차례부터 페이지 번호 사이에 생긴 공백을 어떤 모양의 선으로 채워 넣을 것인지 선택할 수 있습니다.

■ 만들 위치

현재 문서의 커서 위치	현재 커서가 있는 위치에 차례를 만듭니다.
현재 문서의 새 구역	현재 문서의 커서 위치에 새 구역을 만든 후 차례를 만듭니다.
새 탭	현재 문서 창에 새 탭을 열고 차례를 만듭니다.

■ 하이퍼링크 만들기

차례 항목에 하이퍼링크를 적용하여 차례 항목과 문서 내의 항목이 연결되도록 합니다. 하이퍼링크가 적용된 차례 항목을 누르면 관련 내용으로 바로 이동할 수 있습니다. [스타일로 모으기] 또는 [차례 코드로 모으기]를 선택한 경우 [하이퍼링크 만들기] 항목을 사용할 수 없습니다.

1

커피.hwp 파일을 불러와 그림을 삽입하고, 문단 번호를 설정하여 편집해 보세요. • 삽입이미지 : 커피1.jpg

2

다음과 같이 각주를 삽입해 보세요. • 완성파일 : 커피_완성.hwp

3

문서 각 제목에 차례 표시를 달고, 새 탭으로 다음과 같이 차례를 만들어 편집해 보세요.

• 삽입이미지 : 커피2.jpg

• 완성파일 : 커피차례_완성.hwp

심화문제

1) 개인통관.hwp 파일을 불러와 다음 조건에 따라 스타일을 이용하여 문서를 편집해 보세요.

큰제목 : HY헤드라인, 14pt, 진하게, 문단위 : 10pt, 문단 아래 : 3pt, 줄간격 : 170%, 문단 번호

문단제목 : 휴먼명조, 12pt, 진하게, 문단위 : 5pt, 문단 아래 : 3pt, 줄간격 : 170%, 문단 번호

1수준 : 휴먼명조, 11pt, 문단위 : 5pt, 문단 아래 : 3pt, 줄간격 : 170%, 글머리 기호

2수준 : 휴먼명조, 11pt, 문단 아래 : 3pt, 줄간격 : 160%, 글머리 기호

2) 각주와 페이지 번호를 삽입해 보세요.

3) '큰제목', '문단제목' 스타일을 이용하여 차례를 만들고, 모양 복사 기능을 활용하여 차례를 편집해 보세요.

- 완성파일 : 개인통관_완성.hwp

I. 해외직구(전자상거래) 통관절차

1. 개념

- [전자거래기본법] 제2조 제5호에 의한 전자거래 방법으로 행하는 거래하는 것을 말합니다.
- 일반적 전자상거래는 인터넷쇼핑몰 등에서 주문, 택배 수령하는 방식으로 이루어지는 거래 방식입니다.
- 신속배송 및 간편한 화물추적을 위해 특송화물 또는 우편(EMS)를 주로 이용합니다.

2. 거래유형

- 직접배송 : 해외 쇼핑몰에서 직접 주문 결제하고 직접 배송 받는 방식
- 배송대행 : 해외 쇼핑몰에서 직접 주문 결제 및 배대지 입력, 배송대행업체가 현지 물류창고에서 주문물품을 대신 수령한 후 배송대행 서비스를 이용하여 제품을 배송 받는 방식
- 구매대행 : 대행업체에 물품가격, 물류비, 수수료 등을 지불하고 구매부터 배송까지 모든 절차 위임

3. 수입통관방법

- 전자상거래물품은 운송방법에 따라 통관절차 적용
- 특송업체가 운송 반입한 경우 특송통관절차 적용
- 우체국을 통해 반입되는 경우 우편통관절차 적용
- 일반 운송업체가 운송 반입한 경우 일반수입통관절차 적용

II. 해외직구 물품 관세 환급

1. 해외직구물품 관세환급 제도

- 관세법 제106조의2에 따라 개인의 자가사용물품이 수입한 상태 그대로 수출(수입신고수리일부터 6개월 이내 보세구역에 반입하였다가 수출)되는 경우 납부한 관세를 환급하는 제도입니다.

2. 해외직구물품 반품환급 신청시 제출서류

- 해외직구 물품에 대해 환급을 받기 위해서는 환급신청서, 수입신고필증, 수출신고필증을 갖추어 세관장(전국세관 가능)에게 제출하여야 합니다.
- 관세청에서는 해외직구 반품환급 증빙서류 확대 인정 지침을 마련하여 수출신고없이 수출하는 경우에도 관세환급이 가능하도록 시행중입니다.

- 해외직구물품이 미화 1,000달러 이하인 경우에는 수출신고없이 반품되었다고 하더라도 물품 송품장, 반품확인서, 환불영수증자료 등을 세관장이 확인하여 당초 수입물품이 원관세자에게 반품된 관세법 제106조의2의 관세환급 대상으로 인정됩니다.

구분	미화 1,000달러 초과 물품	미화 1,000달러 이하 물품
공통 서류	1. 환급신청서 2. 수입신고필증	
제출 서류	3. 수출 신고필증	3. 물품 송품장 4. 판매처의 반품 확인서류 5. 환불 영수자료

III. 입국장 면세점

1. 개요

- 국민의 불편 해소와 해외 소비의 국내 전환을 위해 2019년 5월 31일부터 인천공항(1터미널 2개소, 2터미널 1개소)에서 입국장면세점을 운영하고 있습니다.
- 입국장면세점에서는 $600 이하로 구매할 수 있으며(술·향수는 추가 구매가능), 입국장면세점에서 판매되는 국산품을 구매 시 면세범위에서 우선 공제됩니다.
- 여행자 휴대품 통관 시 입국장면세점에서 구매한 물품과 외국 등에서 구매한 물품 전체를 합산하여 과세됩니다.

2. 구매 한도

- 술과 향수를 제외한 다른 물품은 미화 600달러 이내에서 구매 가능하며, 술과 향수는 별도 면세범위 이내에서 추가 구매 가능합니다.

3. 국산제품 구매하면 면세범위 우선 공제됩니다.

- 외국이나 면세점에서, 국외항, 입국장 포함에서 구매하여 국내로 반입하는 물품의 가격이 $600을 초과하는 경우, 면세 범위인 $600를 공제한 차액 부분에 과세합니다. 다만, 입국장면세점에서 국산 제품을 구매하였다면, 국산제품 구매가격이 면세범위에서 우선 공제됩니다.
- 외국이나 출국장·시내면세점 등에서 구입한 술이나 향수는 기본면세와 별도로 면세를 적용합니다. 다만, 입국장면세점에서 국산 술 또는 향수를 구매한 경우, 국산 술 또는 향수가 우선 면세처리됩니다.

I. 해외직구(전자상거래) 통관절차[1]

1. 개념

- [전자거래기본법] 제2조 제5호에 의한 전자거래 방법으로 행하는 거래하는 것을 말합니다.
- 일반적 전자상거래는 인터넷쇼핑몰 등에서 주문, 택배 수령하는 방식으로 이루어지는 거래 방식입니다.
- 신속배송 및 간편한 화물추적을 위해 특송화물 또는 우편(EMS)를 주로 이용합니다.

2. 거래유형

- 직접배송 : 해외 쇼핑몰에서 직접 주문 결제하고 직접 배송 받는 방식
- 배송대행 : 해외 쇼핑몰에서 직접 주문 결제 및 배대지 입력, 배송대행업체가 현지 물류창고에서 주문물품을 대신 수령한 후 배송대행 서비스를 이용하여 제품을 배송 받는 방식
- 구매대행 : 대행업체에 물품가격, 물류비, 수수료 등을 지불하고 구매부터 배송까지 모든 절차 위임

3. 수입통관방법

- 전자상거래물품은 운송방법에 따라 통관절차 적용
- 특송업체가 운송 반입한 경우 특송통관절차 적용
- 우체국을 통해 반입되는 경우 우편통관절차 적용
- 일반 운송업체가 운송 반입한 경우 일반수입통관절차 적용

II. 해외직구 물품 관세 환급

1. 해외직구물품 관세환급 제도

- 관세법 제106조의2에 따라 개인의 자가사용물품이 수입한 상태 그대로 수출(수입신고수리일부터 6개월 이내 보세구역에 반입하였다가 수출)되는 경우 납부한 관세를 환급하는 제도입니다.

2. 해외직구물품 반품환급 신청시 제출서류

- 해외직구 물품에 대해 환급을 받기 위해서는 환급신청서, 수입신고필증, 수출신고필증을 갖추어 세관장(전국세관 가능)에게 제출하여야 합니다.
- 관세청에서는 해외직구 반품환급 증빙서류 확대 인정 지침을 마련하여 수출신고없이 수출하는 경우에도 관세환급이 가능하도록 시행중입니다.

---

1) 관세청 자료(https://www.customs.go.kr/)

- 1 -

차례

Section

20 메일 머지 만들기

메일 머지는 여러 사람의 이름, 주소 등이 들어 있는 '데이터 파일'과 '서식 파일'을 결합하여 이름이나 직책, 주소 부분 등만 다르고 나머지 내용이 같은 문서를 여러 장을 만들 수 있는 기능입니다.

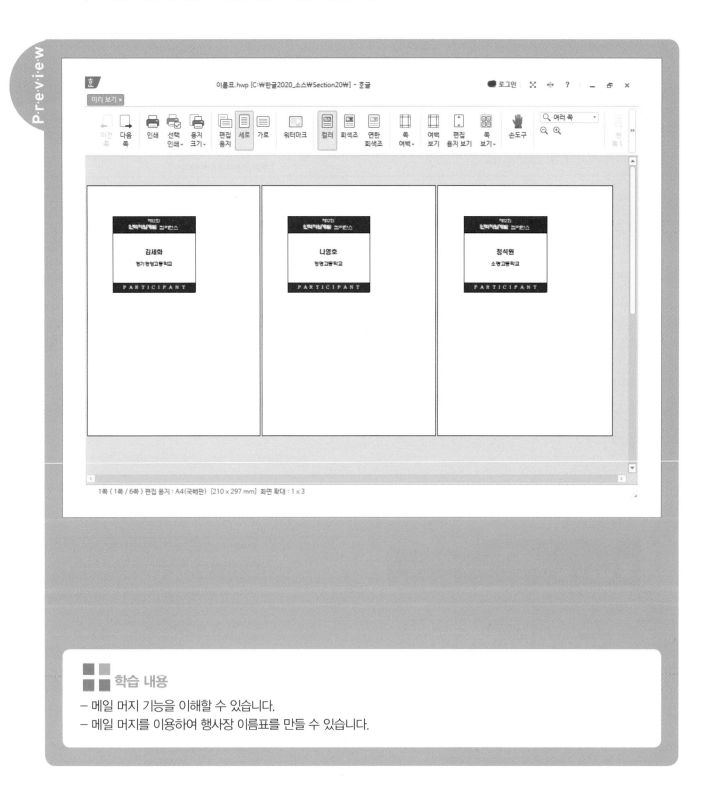

학습 내용

- 메일 머지 기능을 이해할 수 있습니다.
- 메일 머지를 이용하여 행사장 이름표를 만들 수 있습니다.

01 'C:₩한글2020_소스₩Section20'에서 '이름표.hwp' 파일을 불러옵니다. 표안에 커서를 위치시킨 다음, 메일 머지 표시를 달기 위해 [도구]-[메일 머지]-[메일 머지 표시 달기]를 클릭합니다.

PlusTip

메일 머지 표시 달기 단축키: Ctrl + K , M

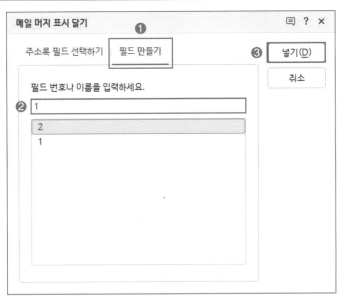

02 [메일 머지 표시 달기] 대화상자의 [필드 만들기] 탭에서 필드 번호로 "1"을 입력하고 [넣기]를 클릭합니다.

03 '{{1}}'이 표시되면 Enter 를 눌러 줄을 바꾼 다음, 다시 [도구]-[메일 머지]-[메일 머지 표시 달기]를 클릭합니다.

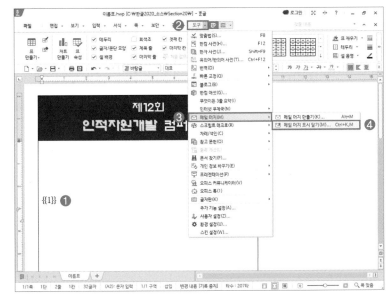

04 [메일 머지 표시 달기] 대화상자의 [필드 만들기] 탭에서 필드 번호로 "2"를 입력하고 [넣기]를 클릭합니다.

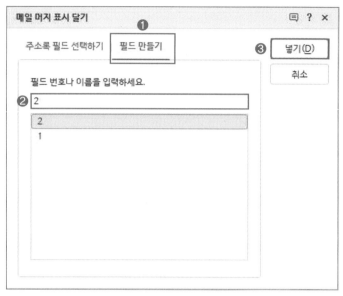

05 "{{1}}"을 블록 설정한 다음 서식 도구 모음에서 글꼴은 "HY헤드라인M", 크기는 "20pt", 가운데 정렬을 설정합니다.

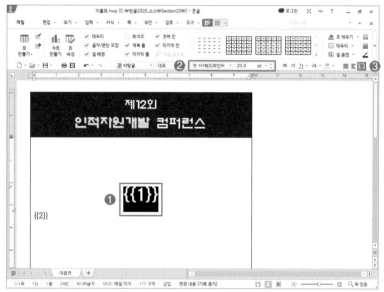

06 '{{2}}'를 블록 설정한 다음 글꼴은 "울릉도M", 크기는 "16pt", 가운데 정렬, 문단 위 간격을 '10pt'로 설정하여 다음과 같이 편집합니다.

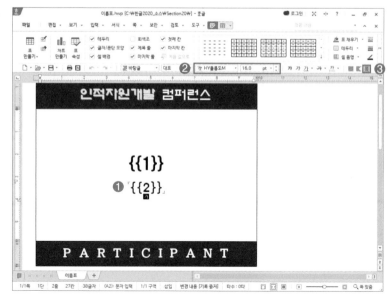

01 메일 머지에 들어갈 데이터를 입력하기 위해 [파일]-[새 문서]를 클릭합니다. 새 문서 화면에 필드의 개수 "2"를 입력하고, 메일 머지에 들어갈 내용을 다음과 같이 입력한 후 Alt + S 를 눌러 '데이터.hwp'로 저장합니다.

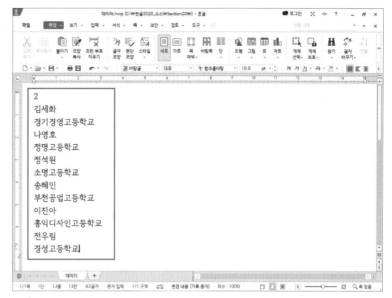

02 '이름표.hwp' 화면에서 [도구]-[메일 머지]-[메일 머지 만들기]를 클릭합니다.

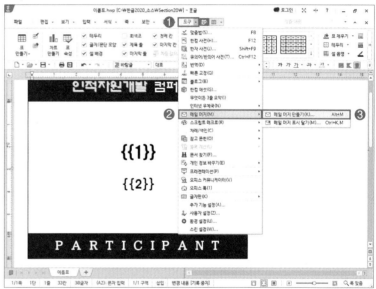

03 [메일 머지 만들기] 대화상자에서 '훈글 파일'을 선택하고 ▣ (파일 선택)을 클릭합니다.

04 [한글 파일 불러오기] 대화상자에서 'C:\한글2020_소스\Section20'에 저장된 '데이터.hwp' 파일을 선택한 후 [열기]를 클릭합니다.

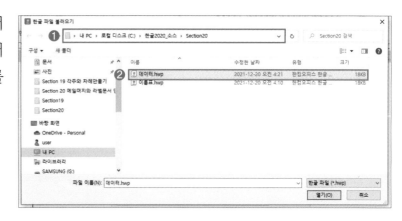

05 선택한 파일 경로가 표시되면 출력 방향을 '화면'으로 선택한 후 [만들기]를 클릭합니다.

06 미리 보기 화면에서 ⊞(쪽 보기)를 클릭하여 한 화면에 3개가 보이도록 설정합니다. 다음과 같이 메일 머지 결과를 확인할 수 있습니다.

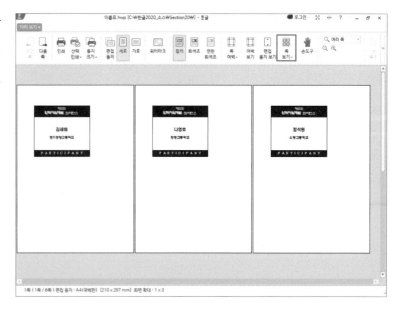

1) 감사의 말씀.hwp 데이터 파일과 왼쪽 데이터를 이용하여 화면으로 인쇄되도록 메일 머지를 만들어 보세요.

1
강석운
고혜진
권미용
김소은
박근호
문희준
송희찬
안성찬
이영규

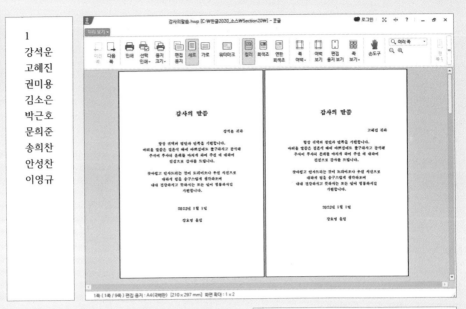

2) 쪽 테두리 배경과 그림 삽입 기능을 이용하여 다음과 같이 문서를 만들고 메일 머지 표시를 달아보세요.

• 삽입이미지 : 도장.jpg

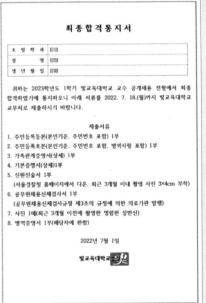

3) 합격자 명단을 작성하여 저장하고, 다음과 같이 화면으로 인쇄되도록 메일 머지를 만들어 보세요.

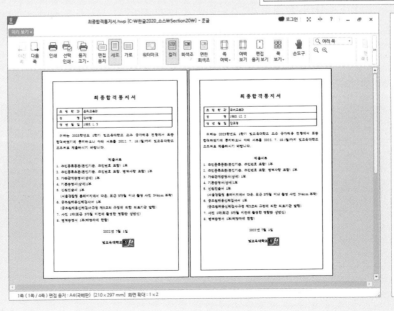

3
윤리교육과
김아람
1985. 1. 3
국어교육과
1983. 12. 2
강호영
사회교육과
1985. 5. 25
서인옥
체육교육과
김명욱
1989. 4. 3

IㆍTㆍ워ㆍ크ㆍ북ㆍ시ㆍ리ㆍ즈

HANGEUL 2020

원리 쏙쏙 IT 실전 워크북 ㉜
한글 2020 기초부터 실무 활용까지

2024년 1월 10일 개정판 발행
2024년 9월 10일 개정판 2쇄 인쇄
2024년 9월 20일 개정판 2쇄 발행

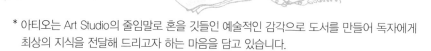

펴낸이 | 김정철
펴낸곳 | 아티오
지은이 | 김수진
편 집 | 이효정
전 화 | 031-983-4092~3
팩 스 | 031-696-5780
등 록 | 2013년 2월 22일
정 가 | 14,000원
주 소 | 경기도 고양시 일산동구 호수로 336 (브라운스톤, 백석동)
홈페이지 | http://www.atio.co.kr

◐ **실습 파일 받아보기**

– 예제 소스는 아티오(www.atio.co.kr) 홈페이지의 [자료실]에서 다운받으시면 됩니다.